浙江树人学院40周年校庆
40TH ANNIVERSARY OF ZJSRU

梁平波题

情系樹人

ZHEJIANG SHUREN
UNIVERSITY

主　　编◎李鲁　章清
执行主编◎宋　斌
副 主 编◎陈乐敏　吴杨铠　金菊爱

ZHEJIANG UNIVERSITY PRESS
浙江大学出版社
·杭州·

图书在版编目（CIP）数据

情系树人 / 李鲁，章清主编；宋斌执行主编；陈
乐敏，吴杨铠，金菊爱副主编. -- 杭州 ：浙江大学出版
社，2024. 10. -- ISBN 978-7-308-25500-4

Ⅰ. G639.285.5

中国国家版本馆 CIP 数据核字第 2024AA7161 号

情系树人

主　　编	李　鲁　章　清	
执行主编	宋　斌	
副 主 编	陈乐敏　吴杨铠　金菊爱	

责任编辑　钱济平
责任校对　朱卓娜
封面设计　雷建军
出版发行　浙江大学出版社
　　　　　　（杭州市天目山路148号　邮政编码310007）
　　　　　　（网址：http://www.zjupress.com）
排　　版　浙江大千时代文化传媒有限公司
印　　刷　杭州钱江彩色印务有限公司
开　　本　710mm×1000mm　1/16
印　　张　45.75
字　　数　580千
版 印 次　2024年10月第1版　2024年10月第1次印刷
书　　号　ISBN 978-7-308-25500-4
定　　价　108.00元

序

20 世纪 80 年代初，乘着改革开放的东风，中华大地春潮涌动，位于东海之滨的浙江人，更是以"四千精神"推动着各项事业大踏步前进，各行各业对人才的需求急剧增长。然而，浙江高等教育资源的匮乏，使许多有志青年止步于大学校门之外，失去了继续深造的机会。面对此情此景，1984 年，以时任浙江省政协主席王家扬先生为代表的一批政治家、教育家、实业家和热心教育事业的社会人士，以"为党育人，为国植贤"的使命感和责任感，以"敢为人先，务实创新"的勇气，发起创建了浙江树人大学，并庄严承诺："树人大学就是为了树人！"

1985 年，树人大学迎来了首批 111 名学子，让更多学子圆了大学梦。1985 年 12 月 29 日的《杭州日报》就报道了"轮椅上的大学生"周丹的故事，她高考总分 522 分，但因身体残疾、体检不合格，没有被公办高校录取，是新成立的浙江树人大学给了她继续求学的机会，而这也成了影响她人生的关键转折点。

1988 年，副董事长贺田在第八次常务董事会上指出："办好，就好办了！"然而，办一所大学尤其是要办好一所大学之艰难，还是超乎想象。特别是创办之初，在没有经费、没有校舍、没有专任教师的困境中，依靠省委、省政府、省政协的领导，依靠省教育厅、有关厅局及学校所在地杭州市与拱墅区、绍兴市与柯桥区的支持，更是依靠社会力量，从借用省政协办公楼的一间房子办公，到逐步"移师"舟山东路校区拥有自己的校园，从拱宸桥校区到杨汛桥校区，学校从无到有、从小到大、由弱渐强，始终依靠党和政府的支持，并充分发挥社会力量办学的优势，如第一幢教学大楼（查济民大厦）、第一个图书馆（贺田图书馆）、第一幢综合楼（强华楼）、第一个大学基金会（浙江树人大学暨王宽诚教育基金会）、第一个电教室（浙静友好电教室）、第一个视听室（沈墨扬视听室）及李常盛礼堂、李碧葱茶文化实验室、杨咏曼游泳馆、傅利泉奖教金与奖学金、章文晋奖学金、冯茹尔奖学金等，无不吸纳了社会资金和政府部门、社会贤达、港澳台及国际友人的力量，从而走出了一条独特的树人之路。

2004年9月，习近平同志视察学校，对学校多年来的工作及所取得的成就给予了高度肯定。他说："20年的时间，通过新体制，特别是通过一批老领导、老教授、老教师，通过社会的力量，建起这所学校，非常不容易！""树人大学的发展证明这条路是正确的。""希望树人大学在今后的二十年，和我们的'三步走'发展战略相联系的二十年，又有新的贡献，为我们全省的'科教兴省'作出更大的贡献，为早日基本实现现代化作出更大的贡献。"总书记的嘱托和人民对高质量教育的需要，成为全体树人师生接续奋斗的动力之源和行动指南，由此也更坚定了树人大学前行的脚步。

办学40年来，学校围绕"办好人民满意的大学"的目标，坚持党建统领，坚持特色发展和高质量发展。2000—2001年，学校与周边4所公办中专联合组建新的浙江树人大学，学校办学规模迅速扩大。2003年，学校升格为本科院校，实现了"上规模、上层次、上水平"的目标。2016年，学校杨汛桥校区正式启用，困扰学校多年的办学空间瓶颈得到彻底解决。2017年，学校被列为省硕士学位授予权培育单位。2019年，学校获批临床医学专业。2020年，交叉科学研究院、转化医学研究院、医工信研究院等相继建成，学校在学科专业建设、人才队伍建设及人才培养质量等方面的成效加快显现，高层次人才加快聚集，科研经费连续三年实现倍增，环境健康、医工信、基层治理等领域特色彰显，国家一流专业、一流课程相继立项，全省唯一的教育部高校思想政治工作创新发展研究中心获批，临床医学学科跻身省重点学科（A），4个学科跻身省一流学科（B），6个省部级研究平台建成，省科技进步奖、省哲学社会科学成果奖等高级别奖项榜上有名……学校在软科等排行榜上稳居第一方阵。10万余名校友遍及全球和各行各业，他们中有知名企业家，有大国工匠，有优秀作家，有奥运金牌获得者。当然还有更多的普通劳动者，他们扎根基层，爱岗敬业，默默奉献，成为"树人"这棵大树上一片片闪光的"金枝玉叶"。

"十年树木，百年树人"，本书谨对在"树人"40年发展历程中作出重要贡献的部分人物作了访谈，未能顾及全面。但我们满怀感恩之心，感谢为"树人"发展付出努力的所有人，并特别致敬以王家扬先生等为代表的老一辈树大人！

根之茂者其实遂，膏之沃者其光晔。树人之路仍在奋力向前，期待学校未来前行的每一步，都有你们的参与；期待学校发展的每一个成就，都有你们的付出。更期待"树人"为国家建设培养更多的人才，在教育强国和高教强省战略中作出更大的贡献！

浙江树人学院校长　李　鲁

党委书记　章　清

2023 年 11 月 8 日

特别说明

　　1984 年 10 月浙江省政协在筹建学校时，最初以"武林大学"命名，1985 年 2 月更名为"浙江社会大学"，因校名含义不够明确，于 1985 年 12 月更名为"浙江树人大学"。1994 年，教育部公布首批国家承认学历的民办学校时，学校被定名为"民办浙江树人学院"，2003 年学校升本后，教育部将学校校名定为"浙江树人学院"。因"浙江树人大学"校名的启用早于教育部正式发文，学校在国内外已形成一定的影响力，学校在省内除了在省教育厅、省编办等少数部门外，均沿用浙江树人大学这一校名；在省外招生时使用浙江树人学院（浙江树人大学）这一校名。2021 年以来，根据教育部的要求，学校校名使用规范名称"浙江树人学院"。为尊重历史，本书对学校发展历程中所采用的校名进行了真实的记录，早日成为真正的"浙江树人大学"，是我们共同努力的目标。

　　特此说明！

为党育人 为国植贤的担当精神

敢为人先 特色办学的创新精神

倾情教育 心系树人的敬业精神

淡泊名利 无私忘我的奉献精神

树人精神

春风秋雨中，茁壮成长的"树"人

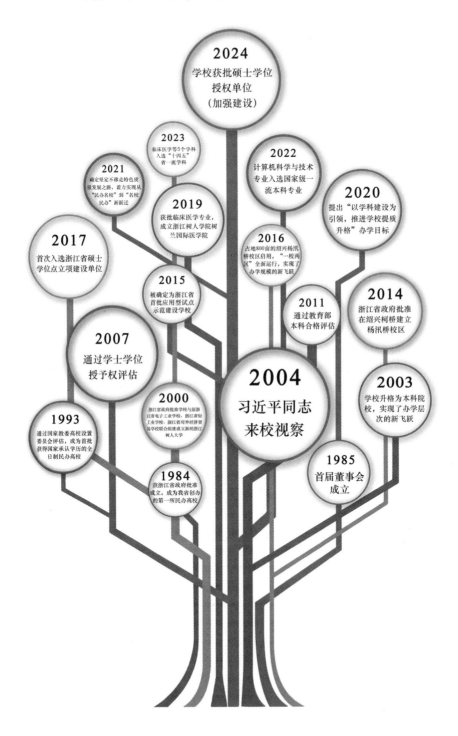

2024
学校获批硕士学位授权单位（加强建设）

2023
临床医学等5个学科入选"十四五"省一流学科

2022
计算机科学与技术专业入选国家级一流本科专业

2021
确定坚定不移走特色质量发展之路，着力实现从"民办名校"到"名校民办"新跃迁

2020
提出"以学科建设为引领，推进学校提质升格"办学目标

2019
获批临床医学专业，成立浙江树人学院树兰国际医学院

2017
首次入选浙江省硕士学位点立项建设单位

2016
占地800亩的绍兴杨汛桥校区启用，"一校两区"全面运行，实现了办学规模的新飞跃

2015
被确定为浙江省首批应用型试点示范建设学校

2014
浙江省政府批准在绍兴柯桥建立杨汛桥校区

2011
通过教育部本科合格评估

2007
通过学士学位授予权评估

2004
习近平同志来校视察

2003
学校升格为本科院校，实现了办学层次的新飞跃

2000
浙江省政府批准学校与原浙江省电子工业学校、浙江省轻工业学校、浙江省对外经济贸易学校联合组建成立新的浙江树人大学

1993
通过国家教委高校设置委员会评估，成为首批获得国家承认学历的全日制民办高校

1985
首届董事会成立

1984
获浙江省政府批准成立，成为我省创办的第一所民办高校

2017 年下半年，《浙江日报》推出了"溯源新理念 大潮起之江"系列特别报道，其中 2017 年 10 月 10 日"以人民为中心——习近平总书记在"浙江的探索与实践 共享篇"中专题报道了 2004 年 9 月 8 日习近平同志来校视察时的讲话精神，他对学校办学的肯定和鼓励极大地鼓舞了全校师生。以下为报纸原文摘录。

一些事可以不由政府直接来办

作为经济大省的浙江，在高等教育方面存在突出短板。一直以来，社会上对加强高等教育建设的呼声很高。特别是 20 世纪末，不少有识之士提出，浙江在现代高等教育上应该有更丰富多样的形式与层次，需要更加重视发挥社会力量在兴办教育中的作用。

就是在这样的背景下，习近平主动提出，要去树人大学这所民办大学看一看。

2004 年 9 月 8 日，习近平走进树人大学校园，恰逢开学季及学校 20 周年校庆。干净整洁的校园、现代化的教学楼、即将投入使用的图书馆、朝气蓬勃的学生……空气中洋溢着青春的气息。习近平在树人大学创始人、省政协原主席王家扬等同志的陪同下，参观校园，一路悉心听取学校负责人的介绍。

来到学校查济民大楼前，习近平走上台阶，送上了教师节祝福，对学校师生给予肯定和鼓励。

"20 年的时间，通过新体制，特别是通过一批老领导、老教授、老教师，通过社会的力量，建起这所学校，非常不容易！"习近平说，"树人大学的发展证明这条路是正确的。"

当时，我省正在编制"十一五"规划。习近平指出，要解决产业结构的问题、解决我们增长方式的问题，最终需要教育。发展教育事业，需要多元化、多渠道投入，全社会参与，整合力量优势。

临别前，行至花坛台阶处，习近平牵过王家扬的手，紧紧握着。再次回忆起当时暖人的场景，树人大学党委书记章清心生感慨：那是一份关心，一种支持，更是声声召唤。校长徐绪卿说，习书记的肯定无疑既是巨大的鼓励——为科教兴省作贡献，树人大学责无旁贷；也是明确的信号——鼓励社会力量提供多样化的教育服务。

办好人民满意的教育，民办教育大有可为。党的十八大报告提出，要"鼓励引导社会力量兴办教育"。这是对民办教育事业发展的极大鼓舞，也预示着民办教育事业将获得更加宽广的舞台。

浙江是唯一的国家民办教育综合改革试点省，民办教育在校生约占浙江在校生总数的 20%。民办教育是浙江教育事业发展的重要增长点和促进教育改革的重要力量。如今，浙江各地各部门都在更加积极地支持民办教育，着力办好一批高水平民办学校。

目录
CONTENTS

第一篇

树人之路

1991 年 4 月，浙江树人大学校舍、查济民大厦落成典礼

·建校十周年

十年创业，霁色云烟怡运河
十年奋进，古桥碧水起新歌

  风起于青萍之末，浪成于微澜之间。1984年，乘着我国改革开放的强劲东风，浙江树人大学犹如一棵小树苗，在杭州这块有着数千年深厚文化底蕴和充满创业、创新基因的文明沃土上茁壮成长。十年间，树人从"三无"到"三有"，从"微不足道"到"有模有样"，开创者们畅谈往昔艰辛而又光辉的历程，抒发接续干事创业的豪情和壮志，令人真切地看到了这所学校的来之不易，切实地领略到了创业者们对教育事业赤诚的热爱，深切地感受到了前辈们在树人创建和发展过程中无私的奉献精神！

  本栏目呈现的是几位学校创始人在建校十周年时的生动回忆。

十年创业　十年奋进

王家扬 [1]

　　浙江树人大学从筹建开始，已经走过了 10 个年头。回首 10 年，感到既艰辛又欣慰。

　　艰辛，是可想而知的。在头无片瓦、身无分文、又无人员编制的情况下，办一所大学谈何容易！当年，我们无校舍、无经费、无教师，有人说我们办的是"三无学校"。10 年后的今天，我们已经是一所初具规模的高等学校了。现有校园占地 40 余亩、校舍 13000 平方米、8 个专业，专职与兼职教职员工 200 多人，在校学生超过 1000 人。

　　取得这些成就的原因是什么呢？

　　从宏观看，是党的十一届三中全会以后改革开放的新形势和安定团结的大环境，使我们有可能去进行创建一所民办大学的探索；同时也归功于党和政府的领导及社会各界人士的支持。当年的省委书记王芳、省人大常委会主任李丰平都欣然应邀分别担任学校的名誉校长和名誉董事长，表示对学校的

---

[1]　王家扬（1918 年 3 月—2020 年 1 月）。浙江树人大学创始人，终身名誉校长，曾任浙江省委常委、宣传部部长、副省长、省政协主席等职。时任浙江树人大学董事长兼校长。

支持；著名爱国民主人士汤元炳先生为学校设法筹集经费；香港著名企业家查济民先生和王宽诚先生慷慨捐赠巨款支持办学；日本静冈县日中友好协会、澳门企业家贺田先生、加拿大籍华裔沈墨扬先生资助了教学设备；许多社会知名学者、教授、民主党派领导人应邀担任学校的董事和顾问，为学校出谋划策，可以说，这是"顺潮流者昌"，合乎事物发展的规律。

从微观看，我们有一批志同道合、热心于民办教育的同志。首届学校领导周春晖、倪保珊、毛树坚，二届校领导邓汉馨、冯孝善和黄贻诚等同志，他们既是教育专家，又是忠诚于党的教育事业、勇于教育改革的探索者。在十年风风雨雨中，他们为学校的发展作出了不可磨灭的贡献。再有广大的教职员工，无论是专职的还是兼职的，在这十年中历尽艰辛，勤勤恳恳地从事教学和管理工作。有人形容他们是跑断腿、磨破嘴、碰痛头、跌过跤、流大汗。没有他们，学校不可能有今天这样的规模，这就是"得道者多助"，也是合乎事物发展规律的。

当然，我们在前进过程中也存在不少问题，诸如管理薄弱、凝聚力不强、设备不足等，需要在今后的实践中加以解决。值得欣慰的是，回顾十年所走的道路，我们始终是沿着党的十一届三中全会所提出的发展战略和邓小平同志关于教育改革与发展思想所指引的方向稳步前进的，同时也与不久前中共中央、国务院公布的《中国教育改革和发展纲要》①（以下简称《纲要》）的基本精神相一致，我们没有辜负社会和时代对我们的期望。

小平同志曾反复强调教育在社会主义现代化建设中的重要地位和作用，认为要实现"三步走"的发展战略，第一位就是发展教育和科学技术。他指

①　1993 年 2 月 13 日，中共中央、国务院印发《中国教育改革与发展纲要》，见人民出版社1996 年出版的《十四大以来重要文献选编（上）》。

出，实现现代化，科学技术是关键，基础在教育。当年，我们就是在小平同志"发展教育"的思想指导下创办这所学校的。我们在"倡议缘由"中写道："浙江省历来物产丰富、人才辈出，素有'鱼米之乡'与'文物之邦'之称。新中国成立以来文化教育事业虽然发展很快，但尚不能满足全省莘莘学子进入大学深造的愿望。创建一所民办性质的新型高等学校，一可增加浙江高校的招生人数，满足部分学生的要求；二可设置'四化'建设所急需的专业，以弥补当前普通大学专业设置之不足；三可采取正规教育和短期培训相结合的灵活办学方式，以探索高等学校的改革措施。"这也是我们的办学宗旨和指导思想。

《纲要》指出：教育体制要改革，特别是要改革办学体制。要改变政府包揽办学的格局，逐步建立以政府办学为主体、社会各界共同办学的体制。国家对社会团体和公民个人依法办学，采取积极鼓励、大力支持、正确引导、加强管理的方针。国家欢迎港、澳、台同胞，海外侨胞和国外友好人士捐资助学。在国家有关法律和法规的范围内进行国际合作办学。

我校自筹建伊始，就立足于自筹资金，向社会各界包括境外同胞宣传我们的办学宗旨和办学设想，以筹集办学经费。在省内，我们得到了省工商联和浙江大学化工厂等组织和单位以及许多朋友的热情资助，连佛教界的寺庙都纷纷解囊相助。香港企业家的巨额资助，使我们改变了无校舍的局面，走出了无经费的困境。我们还广泛地与我国港澳台地区，以及日本等地学校建立校际关系，吸收境外的办学经验并交流师资，借以提高我们的办学水平。

《纲要》指出：高等教育担负着培养高级专门人才、发展科学技术文化和促进现代化建设的重大任务。我校的创建正处在国家"七五"计划初期，根据国务院的部署和要求，我省提出"宁波、温州等沿海开放城市要多争取搞一些以外销产品为主的项目；杭州要充分利用旅游开放城市的有利条件，抓紧旅游设施的建设"。1987年，省里进一步强调，要"大力发展外向型经济，增加出口创汇，使国民经济步上新的台阶"和"扩大非贸易外汇收入，兴建一批旅游设施"等。

我校早在1984年建校时就已注意到对外贸易与旅游这两个正在兴起的事业，因此设置了外贸英语专业与风景园林规划设计专业（即后来的国际贸易专业和园林建筑专业），当年这两个专业在我省都是首次招生。此后，我们又逐步增加了金融、工商管理、装潢设计、会计电算化、建筑设计和家政等专业。这些专业所培养的也都是我省经济建设中急需的人才。10年来，我们共招收学生1800多名，向社会输送了近700名毕业生，每届毕业生都供不应求，受到用人单位的欢迎。

《纲要》提出：要把教学质量和办学效益提高到一个新的水平。高等教育的发展，要坚持走内涵发展为主的道路，努力提高办学效益。建校以来，我们一直十分重视提高办学效益。有关资料表明，公办大学培养一名本科生的费用每年需6000～7000元，专科生需5000元左右。根据1993年统计，我校培养一名学生每年实际消耗约3500元，比公办学校低得多，而且全部是自筹经费。教职工与学生的比例也大大低于公办大学。10年来，我们坚持把学校纳入社会之中，而不是把学校办成"小社会"。民办学校的办学路子，或许也可为公办大学的体制改革提供一定的借鉴。

在庆祝建校十周年的时候，我们提出一个口号："十年创业，十年奋进。"过去的10年仅仅是一个开始，最多只是完成了"创业"的阶段，真正的发展和真正的为社会作出贡献还在后头。

今后10年将怎样发展？我认为，总的目标是继续遵循《纲要》指引的道路，在不断改革、不断创新中把学校办成高水平的一流的民办大学。具体来说有以下几个方面。

第一，学校第二个 10 年的发展规模是：校园扩至 120 亩，校舍建筑面积增至 40000 平方米。本科、专科教育的在校学生达到 1500 人，成人学历教育、职业教育等学生约 500 人。学校建成三个学院，即商业家政学院、建筑工程学院与进修学院。

第二，继续深化教育改革。商业家政学院将走与境外联合办学的道路，引进办学经费、设备与师资，使学院能培养与国际接轨的高水平的专业人才。建筑工程学院将探索一条"以经营实体养教学"的新路子，组建"建筑工程设计院"，与学院实行一个机构两块牌子，以经营扶持教学，以教学充实经营。商业家政学院与建筑工程学院都以高质量的正规化学历教育为发展目标。通过两个学院的教学，实现《纲要》所提出的培养高级专门人才和促进现代化建设的重大任务。此外，进修学院将进一步完善成人教育、职业教育与实用技术培训三种形式的教育系列，使学校在提高劳动者素质、发展职业教育等方面也能作出一定贡献。

第三，进一步扩大办学经费的来源。通过吸收国内固定的社会力量、同境外联合办学所提供的资金以及发展校办经济实体等途径，使学校有比较充裕的经费保障。

第四，不断提高办学效益，办出民办大学的特色。学校的人员要精干，办事效率要高，要一个人做两三个人的事，而不能两三个人干一个人的活。对教学与管理工作要"精益求精"，对学生要"严进严出"。对聘请教师的要求是："没有奉献精神的，不请；没有真才实学的，不要。"对学生的忠告是："不想认真读书的，别来；不能遵守校纪校规的，别来；不愿为社会作贡献的，别来。"我坚信，只要坚持用严谨的态度和严格的要求去办学，一定能把浙江树人大学办成一所高水平的一流民办大学。

西谚说："好的开始就是一半的成功。"只要以邓小平同志建设有中国特色社会主义理论和党的基本路线为指导，遵循《纲要》所指引的道路，脚踏实地，一步一个脚印地去办学，浙江树人大学就一定能在浙江省的教育史乃至中国的教育史上留下令人瞩目和赞许的一页，让我们为之努力奋斗吧！

上面一些感想，爰为校庆纪念集之序。

1994 年 8 月于西子湖畔

雪泥鸿爪忆十年

毛树坚[①]

1984 年 7—8 月，中国人民政治协商会议浙江省第五届委员会部分委员在莫干山避暑学习，提出了创办民办大学的倡议，浙江树人大学由此而始。我当时是政协委员兼副秘书长，参与了创建学校的全过程。现在就一些印象较深的事件，作一些"粗糙"的回忆。

一

第五届省政协很重视高校知识分子，每年暑期除了组织部分常委、委员上莫干山避暑学习之外，总要邀请一些在高校工作出色的中年知识分子参加，1984 年也是如此，因此教育问题成为学习中议论的热点。

当时王家扬主席强调政协要办几件实事。我提出：如果政协能带头办一

---

① 毛树坚（1932 年 8 月—　）。曾任杭州大学生物研究所所长、生物系副主任、细胞生物学教授。中国人民政治协商会议浙江省委员会第四、五届委员，第六届常委。浙江树人大学四位建校发起人之一，浙江树人大学第一届至第三届董事会常务董事、第四届董事会董事。曾任浙江树人大学副校长、副校长兼进修学院院长等。

所民办大学,解决一下很多优秀学生"失学"的问题,岂不是办了一件大实事?问题提出后,反响热烈,记得当时在高校工作的李普国、郑文兰等委员都非常积极,民主党派的李天助、倪保珊、孙延年等委员也很赞同。省政协机关参加学习班工作的是蒋其庚同志,他来找我,说他准备把创办民办大学的倡议报告给王家扬主席,但最好有一份书面材料。因此,当时就由我执笔写了一份《倡议书》,由四位副秘书长倪保珊、孙延年、冯孝善和我签了名。

这份《倡议书》很快到了王家扬主席的手里。家扬同志很支持创办民办大学的倡议,找我商量了两次。《倡议书》交主席会议讨论,主席会议也表示赞同,从此创办民办大学这件事就开始进入实质性的筹备阶段。当时没有复印机,这份《倡议书》没有留底,今天找不到原稿了[①],这对树人大学来说,是失去了一份历史性的珍贵的原始档案,非常可惜。

二

9月,王家扬主席要我随常委余从善同志赴江苏、安徽两省考察民办大学的办学经验,同行的有省委统战部干部蔡钢和浙江丝绸工学院离休干部章官设。从善同志原是浙江医科大学党委书记,担任过省教育厅副厅长,是教育界的老同志,1949年前曾在皖南打过游击。所以一到苏、皖,他与苏、皖的同志讲起许多故旧,很是融洽,无形中使考察更为顺利。章官设同志离休后倡议创办东方大学,这次同行,也可以见仁见智、集思广益。

在苏、皖两省,我们参观了金陵职业大学、育才大学、合肥职业大学、

---

① 编者注:2004年,校庆20周年前夕,毛树坚先生在他的笔记本中找到了原稿,现存于校史馆。

合肥外专和蚌埠联合大学等。在南京，还拜访了离休干部朱刚同志。朱刚曾任南京市委文教部副部长，离休后对办学干劲很足，金陵职大和育才都是他一手创办的。此次拜访，让我们很受鼓舞，对创办民办大学的决心和信心也更大了。省政协决定成立民办大学筹备组，周春晖副主席任组长，王承绪副主席、倪保珊副秘书长任副组长，家扬主席嘱我也参加筹备组。后来王承绪先生要去美国一年，实际上没有参与工作，具体的筹备工作就落在周、倪和我三人身上了。

三

办学的三大因素是人、经费、校舍，人是第一位的，我们就先物色人。最早经人介绍来参加建校筹备工作的是浙江大学离休干部朱翔峰和甘震云，还有浙江中医学院的在职讲师张立人。不久后杭州大学外语系讲师王凌也加入了我们这支筹建队伍。朱翔峰、王凌负责办公室工作，甘震云、张立人负责教务工作。以后又有朱伊伟和郑文桐两位参与进来。这几位同志是树人创建时期最早的一批工作人员。他们勤勤恳恳地工作，使首届董事会成立大会得以顺利召开，使两个系得以建立，使首届111名学生顺利入学，使1985年秋季如期开学，他们为学校的创建立下了汗马功劳。

1985年秋后，秦汉同志也加入进来。秦汉原任浙江丝绸工学院教务处处长，是一位离休的老同志，有比较丰富的行政工作经验，可以协助校长抓全面工作，因此被聘请为校长助理。1986年，朱翔峰、甘震云两位同志因患病和体弱，先后离开学校，后增聘金维城为校长办公室主任，钟婴为教务处处长。王凌和张立人仍分别担任校长办公室和教务处的副职。钟婴同志原是杭州师范学院中文系副教授、党总支书记，他是新中国成立以前的老党员，政治性强，懂业务，又有组织能力，在职期间开展了许多学术性活动，如学生论文评奖活动、演讲比赛等，对1985级和1986级两届学生的教育质量有很大的促进作用。在这一时期，先后有秦根兴、田湘军、沈根生、于淑敏、冯志艺等同志调入，一直工作到现在。另外还有南方坚、陈国、朱一行、陈公卿等同志先后在学校工作过。

1988年初，我因接受了国家高技术"863"计划的研究课题，在杭州大学的科研任务很重，又加上有些人事上的矛盾，渐渐感到学校的工作力不从心，意欲辞去副校长的职务。但董事长加以挽留，只同意可以卸下一些具体的校务工作。此时，省政协正处于换届时期，原秘书长、浙江农业大学教授冯孝善同志刚卸任，便聘请来学校担任常务副校长。1989年后，学校换届，原浙江工学院院长、全国政协委员邓汉馨教授出任第二届校长，冯孝善教授为副校长。1991年，学校又增聘黄贻诚同志为专职副校长。1993年2月，董事会重新邀我担任副校长。1994年换届，我又忝任第三届副校长。蒙董事会的厚爱，能再为树人服务几年，当鞠躬尽瘁而为。

四

建校之初，考虑到浙江省发展对外贸易与杭州的风景旅游城市建设等因素，决定设立外贸英语专业与风景园林规划设计专业。杭州大学外语系的郭建中副教授刚从美国进修归来，对教学有一套改革的想法，浙江大学建筑系的刘正官副教授在园林设计方面很有造诣，我们慕名邀请他们分别出任外语系（外贸英语专业）和土木系（风景园林规划设计专业）系主任。这两个系当时在我省都是首创和首次招生，一直到现在，国际贸易专业和园林建筑专业还是办得比较成功的，这与他们两位打下的基础有关。

1987 年，学校筹建旅游系饭店管理专业，得到杭州大学经济系、省市旅游总公司等部门和单位的支持。原来准备邀请杭大经济系的陈纲副教授（我国第一位旅游学博士）出任首任系主任，后因时间仓促和一些其他原因，未能办成。1989 年建立工商管理系，设餐饮管理专业，聘请浙江大学吴新初副教授为系主任，以后改为现在的工商管理专业。旅游业是"无烟工业"，也是永远不知夕阳企业为何物的行业，根据我省的特点，还是需要继续发展的，因此我认为重新建立旅游专业是迟早的事。

刘正官同志于 1987 年辞去土木系主任职务，改聘浙江农业大学的姚永正副教授任系主任。之后姚老师因体弱辞去职务，由秦根兴副教授负责了一段时间的系务工作，后由张友良教授接任系主任，直到 1993 年又改聘陆亿昌副教授为系主任。郭建中同志于 1988 年辞去外语系主任职务，由许志恒高级工程师接任，但不久许去深圳，又改聘冯源副教授为系主任，1993 年又由夏和坤教授接任。在建校十年中，国际贸易系的沈根生、园林建筑系的金文、工商管理系的宣舒钧，他们三位都是系主任助理，协助系主任工作，担负着大量的具体工作，任劳任怨。学校发展到现在，教育质量逐年提高，我们不能忘记他们的辛勤劳动。十年创业，十年奋进。现在一批更年轻的教师已经加入到学校的师资队伍中，后浪高前浪，他们将为树大跨世纪的发展作出更加出色和更加卓越的贡献。我衷心地祝愿他们！

五

学校创建时，校名的确定几经周折。1984 年，学校向省人民政府申报时比较仓促，使用了杭州的古地名"武林"为校名。批文下达后，发觉武林两字容易被误认为是武术学校，因此考虑更名。由于民办大学立足于改革的探索，实验性强，当时美国圣塔克拉拉大学华裔教授陈树柏正在深圳筹建中国实验大学，得到中央领导同志的赞同，因此我们也考虑将校名改为"浙江实验大学"。有领导认为，实验大学的名称很大，一所很小的民办大学完成不了这个实验的任务，因此就决定改名为"浙江社会大学"，取其依靠社会力量办学的意思。1985年，董事会成立、招生等都是以这个校名进行的。但在首届一次董事会上，多数董事提出，浙江社会大学的名称容易被误会为非正规的业余大学、补习大学一类的学校，《文汇报》上就有一个"社会大学"的栏目，社会上习惯于把自学成才的称为社会大学毕业，因此，董事会决定再更改一次校名。

为了慎重起见，我们初拟了10多个名称，为钱塘、富春、树人、民立、民协、联合等等，发信向省政协全体常委和学校董事会征询意见，征询结果以浙江树人大学、浙江联合大学和钱塘大学三个校名得票最多。这三个校名在学校工作人员中议论，认为钱塘大学的简称是"钱大"，意思是"钱最大"，不妥。因此建议在树大和联合两个校名中取用一个。为此，又组织了一次临时性的讨论会，参加的有部分政协常委、学校董事、民主党派负责人、省市教育部门的一些有关人士。讨论非常热烈，会上又有人提出一些校名，互相探讨，甚至互相辩论，最后以举手形式表决，结果"树人"得票最多，就此决定以"浙江树人大学"为校名，时为1985年12月。

在这次改校名讨论中，我非常高兴，因为"树大"这个名字是我最早提出的，后来在一次会上孙延年同志也提到过。这个名称除了含有"百年树人"的意思外，也是浙江人为之骄傲的举世闻名的鲁迅先生的字，用来命名浙江省的一所民办大学是很适当的。

六

办学经费，是我们筹建中最为棘手也是最无把握的一件事。开始时曾设想，请省政府资助 50 万～100 万元的开办费，再由政协出面募集 100 万元，但很快就发现这是办不到的。通过省政协领导的争取，省政府拨了 10 万元开办补助费。当时省政协副主席、省工商联主任委员、著名爱国民主人士汤元炳先生对办学极为关心，从省工商联设法资助 12 万元作开办经费。不久，周春晖先生又联系到浙江大学化工厂资助了 6 万元。这三笔经费是学校得以筹建和招生开学的经济基础，在回顾建校历史的时候是不能忘的。以后，陆续有省政协常委金志朗先生和委员黄瑞琳女士各捐资 2 万元，王家扬董事长也将多年的积蓄捐给学校，还有灵隐寺、天童寺、国清寺、普陀佛协等宗教界团体也解囊相助。涓涓之流，终成江河，为以后的境外资助打下了基础。

早在 1985 年 11 月，香港中华总商会永远名誉会长、甬港联谊会会长王宽诚先生来杭出席浙江省国际信托投资公司董事会时，经汤元炳先生介绍，了解到由省政协倡议创建一所民办大学时，表示愿向学校捐资 100 万元。1986 年 6 月，香港中华总商会和甬港联谊会邀请我校王家扬董事长、周春晖校长、倪保珊副校长和我四人访问香港和澳门。

在访问之前，我们得悉香港树仁学院是香港著名大律师胡鸿烈博士与钟期荣博士伉俪倾注全部心血办起来的私立大学，办学精神和经验很值得我们借鉴。《礼记·中庸》云："仁者，人也。"由此推论，树仁者树人也，两校的校名很有缘，再加上钟博士的侄女雷小云小姐原与我认识，通过雷小姐的联系，胡、钟两位欢迎我们前去访问，因此我们把访问"树仁"列为出访的主要内容之一。在树仁学院访问了整整一天，得益匪浅。后来又访问了香港大学、香港中文大学、香港浸会学院和澳门东亚大学等，我们对港澳的高等学校有了一个概要的了解。看到这些大学精致的校舍、优美的环境、多种类型与层次的教学、既严肃又宽松的富有秩序的管理和办事的高效率后，我们更加坚定了创办一所规模较小、教育质量和管理水平较高的新型民办大学的信心。

港澳行的另一重要内容就是拜访浙籍的知名人士。这次拜访的有包玉刚、王宽诚、查济民、安子介、查良镛诸先生，还拜会了当时"亚视"主席邱德根先生、香港《文汇报》社长李子诵先生、南洋商业银行名誉董事长庄世平先生与董事长舒慈煌先生等，又专程赴澳门拜访了澳门贺田工业公司董事长贺田先生。在访港澳期间，还会晤了新华通讯社香港分社和澳门南光公司的领导。当年香港分社宣传部部长张浚生同志和商业部副部长范正翘同志原是浙江大学教师，对这次访问给予了许多关心和照顾。

在拜访王宽诚先生时，王老重申将其资助的 100 万元人民币作为教育基金，后来我们用这笔资助建立了"浙江学校王宽诚教育基金会"，"只取蛋，不杀鸡"。王宽诚先生仙逝后，其哲嗣明远先生以香港王宽诚教育基金会名义又捐助了人民币 50 万元。

查济民先生会见我们时，先问我们准备建多少校舍、造价如何。我们答称：准备造 8000 平方米校舍，每平方米约 500 元人民币。查先生说他替我们想想办法。等我们回宿地后，就接到查先生的宴请请柬。及至相晤后，查先生说他给我们筹了笔款子，大约 100 万美元，希望一次就解决校舍问题。我们当然非常高兴，有了王、查两位乡亲巨子的资助，树大就可摘掉"三无"的帽子，走出困境。

值得一提的是，这次出访还得到了浙江美术学院和许多书画家的热情支持。沙孟海、陆抑非、刘江等名家，为我们准备了不少书画礼品。看了沙老"敬恭桑梓"的条幅，真是一种美的享受；陆老的富贵牡丹，受到查先生的赞誉，为我们这次出访增添了光辉。给"树人"捐资助学的境内外单位和个人还有许多，不能一一列出。"饮水思源"，在庆贺建校十周年的时候，应该想到在建校初期向我们伸出支援之手的许多朋友们，他们泽被桑梓，德辉燏著，永远留在我们心中。

七

1993 年 8 月 17 日，国家教委发布《民办高等学校设置暂行规定》，对民办学校的建校审批等作了详细而具体的规定。我校是 1984 年经浙江省人民政府按照当年的有关政策法规批准筹建的，并且确定我校被"纳入浙江省教育事业发展规划"，"学生入学参加高校统一招生考试，学完规定课程，考试合格，承认学历"。办学九年来，一直按省政府的批文办事，用通俗的比喻说，使用的是"地方粮票"。现在有了国家公布的规定，当然就得按国家的新规定重新申报。

1993 年 8 月，我们在省教委的指导下整理申报的有关材料，以浙江省人民政府名义发出《关于批准成立浙江树人大学的请示》（浙政发〔1993〕165号）。9 月 4 日，国家教委考察组一行五人在朱传信教授（原清华大学党委书记）率领下来校视察，由我代表学校作了十年办学的汇报。考察组在听了汇报、作了视察以后，对我们的办学给予充分肯定，使人非常感奋。8 月初，省教委通知：国家教委将于 10 月 21—24 日在长沙举行高校设置评审会议，申报学校必须前往答辩。我于 20 日前往长沙参加答辩，陪同前往的有校长办公室王成同志，省教委计财处褚子育副处长代表省教委出席会议，一路同行。

我们到长沙后被告知：在宾馆静待通知，不要与评审专家接触。我生性喜欢规规矩矩办事，同时自揣学校基本合格，不必多作"自我宣传"，免得有"走后门"之嫌，就在住处看书静候。好在褚副处长比较"自由"，有时带来一点"小道消息"。据说，有两类申报学校不需要答辩，一是专家组认为基本合格，没有疑问者；二是被认为基本不够格者。23日下午答辩结束，我一直没有被"传问"。24日评审委员会投票，尽管表决是不公布的，但还是传来消息说我校得到一致（全票）通过。我与王成很高兴，但也没有"欣喜若狂"，因为这是意料之中的事。十年耕耘，这一点自信还是有的。我们两人与褚副处长告别，晚上直飞北京，因为27日我要参加国家教委组织的中国教育代表团赴日本的私立教育考察。长沙一行，留给我最深的印象是从长沙市区到机场的路好长好长。

十年时间，不算太长，但也不能说短，人的一生有几个十年回忆往事，有的历历在目，犹如就在昨日；有些事又迷迷蒙蒙，往事如烟。留下一点雪泥鸿爪，让后来者知道一点创业者的耕耘与播种。借此也鞭策我自己能继往开来，再为"树人"努一把力吧！

1994年9月于杭州

树人十载　创业维艰

倪保珊[1]

　　1984 年上半年，浙江省政协第五届委员会产生不久，主席王家扬同志提出，省政协应该为改革开放和社会主义现代化建设做几件实事。当年夏天，省政协组织副主席、正副秘书长和部分常委在莫干山避暑、学习，在学习讨论中，大家议论到由于浙江省的高校数量较少，每年高考能录取进高校的学生数量受到限制，尽管浙江考生的成绩很好，但高校录取的分数线比其他省市的录取分数线要高数十分甚至上百分，许多在别的省市能够录取进入高校的学生在浙江却无法进入高校培养，这对浙江省来说是个很大的损失，同时也使许多学生家长为子女继续学习和就业的出路担忧。许多省政协委员也希望在改革开放的大潮中，由各民主党派联合办一所高等学校，为浙江省培养急需的建设人才。在孙延年、毛树坚、冯孝善和我四人联名倡议下，由省政协创办一所民办高校作为省政协的一件实事。学校纳入省教育发展规划，业务上受省教委具体领导；学校成立董事会，为办学的决策机构，学校经费来

---

① 倪保珊（1920 年 9 月—2004 年 9 月），曾任浙江省社会主义学院副院长，省政协常委，民盟浙江省委名誉副主委、中央委员、常委。浙江树人大学四位建校发起人之一，浙江树人大学第一届董事会常务董事、副校长，第二、三届董事会常务董事。

情系树人

源依靠港澳及国内外的热心人士捐助和政府的赞助；学校的名称经过反复研究，决定定名为"武林大学"，因为"武林"是浙江杭州的别名。王家扬同志指定周春晖副主席、毛树坚和我三人负责学校的具体筹备工作。后来在董事会成立时，周春晖先生被推为首任校长，树坚同志和我任副校长。

我们首先做了三件事。一是草拟学校和董事会章程，确定学校为收费走读、不包分配的全日制民办大学；学校规模不宜过大，不能像公办大学那样办"小社会"，以体现改革的精神；学校先办专科，以后逐步增设本科，并报请省政府批准。二是物色聘请一个工作班子，成员一定要是办学的内行，而且有奉献精神，不计报酬。因为我们三个人都是有本职工作的，每星期不可能投入很多的时间来具体从事办学的工作，于是我们分头在浙大和杭大物色到刚从教务、行政工作岗位退下来的同志和热心办学的同志，来帮助我们一起做筹备工作，其中有原浙大的甘震云和朱翔峰同志、杭大的王凌同志以及中医学院的张立人同志。当时我们的办公地点在六公园原省政协后面简易办公楼里一个八九平方米的小房间，电话和办公室都是公用的。三是找办学的地点，通过学校的董事、杭州电子工业学院院长王祖耆同志的关系，了解到电子工学院的新教学大楼即将竣工投入使用，他们的老教学楼将有空屋，我们就向杭州电子工业学院商借了两间（后增至四间）教室和一间办公室，准备在1985年夏季开始招生，秋季开学。在这期间，大家对校名不断进行探讨，先决定改"武林大学"为"浙江社会大学"，表示我们是依靠社会力量为社会办学，但这个校名容易引起误解，最后确定改为现在的校名"浙江树人大学"，这个校名既体现了百年树人的精神，又有纪念浙江文学家鲁迅（周树人）的意思。

在1985年招生之前，必须先确定专业和教学计划，我们本着社会需要的原则，决定先设两个专业，一个是外贸英语，一个是风景园林。这两个专业既有特色，又有专业教师，也是改革开放急需人才的两个专业。

随着办学渐趋正常，我们觉得必须有自己的校舍，否则就是"寄人篱下"，谈不上自主和发展。同时大家认为，学校是收费走读大学，校舍宜建在市中心附近，便于学生走读上课。于是我们想到杭州基督教青年会的灯光球场是较为理想的地点，经与全国政协委员、学校董事会董事、基督教三自爱国运动委员会负责人蔡文浩同志协商，同意借灯光球场供我们建设校舍，但要求学校为青年会同时建一部分房屋供青年会使用。

初步达成意向后，我们委托浙大土木系的建筑设计院进行规划，看利用青年会灯光球场这一方案是否可行。经测量，青年会灯光球场可用的土地面积仅 1000 平方米，杭州市规划局对我们拟建的综合教学大楼的楼高又有限制（仅 23 米），所以综合教学楼的总建筑面积约为 8000 平方米，而且今后没有发展余地，青年会灯光球场的地址并不十分理想，但要在市区中心地带找到更合适的地点也不容易。

为了筹集基建资金，1986 年 6 月，王家扬董事长率领我们正副校长访问香港。在香港与查济民先生商谈，查济民先生问需建多少平方米校舍，每平方米造价估计要多少。王家扬主席根据初步规划草案提出校舍为 8000 平方米，每平方米造价 500 元，共需基建资金 400 万元。查济民先生当即答应捐赠 100 万美元（当时汇率 1 美元是 3.8 元人民币）。于是我们在回杭后，积极进行青年会灯光球场的征地、设计工作。但在与青年会再三协商中，青年会所提条件我们难以接受，遂决定另择校址。

当初我们在市区到处寻觅新址，经与杭州市规划局反复磋商，市规划局建议在翠苑四苑、德胜小区或大关桥附近征地建设校舍，经过反复勘察比较，我们确定在大关桥以北选择建校新址。不料在我们作出决定办理征地过程中，当地居民抢建了几幢住房，由于他们要价太高，而且该处交通又不便，我们

情系树人

不得不放弃，遂改选在现在的舟山东路校址。

1987年，学校招收第三届新生，学生人数从100多人增加至200多人，借用的电子工学院的教室已不敷使用，于是不得不考虑迁移。当时位于翠苑小区的浙江省电子技术研究所的六层新办公楼落成不久，由于该所有多余的三层面积可以出租，我们通过该所党支部书记商借成功，每年租金7.5万元，学校于1987年初迁至浙江电子技术研究所继续上课。在开创初期的两年多时间里，很得力的工作班子成员朱翔峰、甘震云、金维城相继离开，学校又聘请了丝绸工学院刚退下来的教务处长秦汉同志担任校长助理，田湘军同志担任校长办公室秘书，沈根生同志担任英语（外贸）专业所在系秘书。

1989年，学校董事会进行换届，学校初具规模，基建正在开始，我们三人因有其他工作都从校长岗位上退了下来。

树大创办至今，已有十年历史，回顾过去，深感创业维艰。如今树大欣欣向荣，前程似锦，殷切希望全校师生铭记创业的艰难，为开拓与发展学校更加美好的未来而尽心竭力！

1994年8月于杭州

明日的树大更辉煌

冯茹尔[①]

1993 年夏日的一天，当我进入浙江树人大学校门时，展现在我面前的是六层高的查济民大厦——教学行政楼，是造型新颖的六七层学生宿舍楼，是崭新的三层学生食堂楼……树大，像一棵青杉，生机勃勃地生长在杭州舟山东路上。

10 岁，这是儿童的年龄，是充满希望的年龄，在它的后面永远是美好的。

10 年前，浙江省政协几位教授的一份提案，迎来了学校的诞生。10 年来，学校从零开始，至今已建设成为一所在国内有一定影响的全日制民办大学。学校先后设置了国际贸易等 8 个专业，建立起了一支有较高水平的近 200 人的专、兼职教工队伍，在校学生已达到上千人规模。10 年来为国家培养了近 700 名社会急需、能适应改革开放需要的新型专业人才，受到了社会的欢迎。这是树大创业者开拓、奋发奉献的成果，是海内外重视教育的有识之士支持的成果，是全校师生员工共同努力的结果。

[①] 冯茹尔(1937 年 8 月—2002 年 9 月)，曾任浙江树人大学校长助理、副校长、纪委书记等职务。在南京师范大学、浙江树人大学设立"冯茹尔奖学金"。

今天，当我在学校工作一年之后，我更深切地感受到学校建设的成果来之不易，感受到我们的树大存在着巨大的潜在力量。

在树大，我看到了我国教育体制改革的曙光。国家要"四化"，关键是科技，基础是教育，但限于财力，高等教育步履艰难。出路何在？在于动员社会各界力量和国际力量，发展私立大学、公私合办大学等各种类型的民办大学，给大学教育注入新的血液，同时国家腾出一些力量加强义务教育，使整个教育得以蓬勃发展。树大走过的路，是今后许多大学要走的路，它反映了历史的趋势，这也是树大发展的根本动力。

在树大，我看到了董事长与历任校长为振兴中华、为发展中国的教育事业、为"树大"、为创立与发展学校四处"筹款筹粮"，诚聘人才。他们一心为教育、毕生为教育的崇高精神，赢得了海内外人士对树大的无私支持，激励了全校教职工为树大奋发努力。今天，生机勃勃的树大是对王家扬董事长和校长们一片苦心的回报。

在树大，我看到了教职工为建设自己的学校努力工作。50多位同志承担了全校师生的教学、行政、后勤等管理工作，其中有一些同志还承担着教学工作，是一些课程的教学骨干。由于学校离市区较远，同志们数年如一日，每天清晨离家、傍晚返家，一天10小时在外，他们为树大的建设默默无闻地添砖加瓦。

在树大，我看到了来自浙大、杭大等兄弟院校的兼职老师，他们在完成本校教学任务的同时，长期为树大学生授课。许多老师是学科教学的专家，但他们依然为树大学生认真备课、讲授，教书育人。老师们认识到，教学质量是树大存在与发展的生命线，认识到育人工作的重要性。教师的身教，教师个人的范例，对学生的心灵来说是任何东西都不能替代的阳光、雨露。在老师们的教导下，树大学生克服种种困难，勤奋学习，努力把自己培养成合格的社会主义建设者。

正是上上下下的协同努力，才使树大能在自力更生的大道上飞跑。从省政协那八九平方米的小房，到今天拥有 1.3 万平方米的教学与生活用房、占地 40 余亩的美丽校园。从创办时的 2 个专业、111 名学生，到今天拥有 8 个专业、上千名学生……这是多么快速的发展！在董事会、校长们的领导下，在社会各界的支持下，树大全体师生将继续不懈努力。树大的昨天灿烂无比，树大的明天必将更加辉煌。

展望未来，几年后的学校将拥有 4 万平方米的建筑物，将建成占地百余亩的树人园。刚成立的家政商业学院、建筑学院将更快地发展，在校本、专科学生将达到 2000 人规模。进修学院也将大力发展成人学历、非学历教育，受教育者达到上千人。

严谨、求实、勤奋、朴实，是树大的校训，是树大发展的原动力，有多少人做到了就会有多大的力量。历史的道路是曲折的，但树大发展的车轮总是向前的。

树大，在您十周年生日的时候，我欣喜地看到了您走向 21 世纪的辉煌。东方风来，又一个春天降临；树发新花，必将更为璀璨，更加壮观。

1994 年 8 月于杭州

浙江树人大学建校 20 周年庆祝大会

·建校二十周年

风华正茂，开怀菊有云天梦
英姿勃发，放胆歌回松石泉

　　20年砥砺前行，树大从建校初期的一所学科单一的专科学校，发展成为文、理、工、法、管理、经济兼具，拥有50个本专科专业的多学科、万名学生的本科院校，并为社会输送了3万多名优秀人才。20年孜孜以求，树大逐步形成了自己的办学理念和特色，"崇德重智，树人为本"的校训，"艰苦创业、务实创新、敬业奉献"的办学精神，"上层次、上水平、争特色、创一流"的办学目标，使树人之路越走越通畅、越走越宽广！

积二十载办学经验　创百年树大辉煌

——热烈庆祝浙江树人大学建校 20 周年

朱　玉[①]　梁树德[②]

在深秋这个金灿灿的收获季节，浙江树人大学迎来了 20 周年校庆。值此喜庆之际，我们谨代表学校全体师生员工，向各位长期关心与支持浙江树人大学建设与发展的领导、海内外嘉宾、校友和社会各界人士表示衷心的感谢！

20 年前，在改革开放东风劲吹中华大地的时候，党和国家实现了战略中心向经济建设的转移，由此，经济发展对人才的需求与高等教育滞后之间的矛盾日渐凸显，中共中央适时作出了教育体制改革的决定，浙江树人大学应运而生！学校开创之初，没有校舍、没有师资、没有资金，办学条件极其艰难，董事会和行政领导凭着一颗忠诚教育事业的爱心，为学校发展无私奉献；

---

① 朱玉（1938 年 12 月—　　），曾任浙江师范大学副校长、党委副书记、书记、校长。曾任政协浙江省第八届委员会常务委员，浙江省高等教育学会副会长。1999 年 5 月起任浙江树人大学党委书记、常务副校长，2003 年 2 月任浙江树人大学第五任校长。

② 梁树德（1939 年 9 月—　　），曾任浙江大学石油化工学院院长，浙江大学纪委书记、党委副书记、党委书记等职，中共浙江省第九届委员会委员，浙江省第八届政协常委、教科委主任。2003 年 2 月—2010 年 6 月担任浙江树人大学党委书记。

全校教职工积极投身学校的建设中，任劳任怨，辛勤工作。这种艰苦创业、敬业奉献的精神，是树大20年办学的真实写照，至今仍然影响着在校的每一位师生员工。在此，我们向学校的老一辈创业者，特别是学校创始人王家扬同志致以崇高的敬意！

学校的发展壮大是社会各界大力支持的结果。1985年11月，香港中华总商会会长王宽诚先生慷慨捐助人民币150万元；1986年5月，香港知名人士查济民先生捐助100万美元和60万元人民币；1993年7月，台湾台北县私立树人女子学校董事长王强华先生资助315万元；另外，澳门的贺田先生、旅居加拿大的沈墨扬先生等一大批爱国人士也纷纷捐资捐物。正是这些爱国赤子的无私援助，学校才于1991年拥有了自己的校舍，为以后的发展奠定了坚实的基础。

20年来，学校沐浴着改革开放的阳光，植根于极富灵气与活力的浙江大地，在省政协和教育行政部门的领导下，在浙江大学、浙江工业大学等兄弟高校的大力支持下，充分发挥民办优势，茁壮成长，从建校初期一所学科单一的专科学校发展成为今天文、理、工、法、管理、经济兼具，有本专科50个专业的多学科、万名学生的本科院校。持之以恒的正规化学历教育和良好的教学质量，在人才培养上得到了充分体现，赢得了政府和社会的一致肯定。1993年，国家教委通过了学校的专科教学评估。1994年，国家教委同意建立民办浙江树人学院，使学校成为国家首批承认独立颁发学历文凭的民办高校。1999年，全国第三次教育工作会议胜利召开，学校及时抓住高等教育蓬勃发展的契机，进入了新一轮的快速发展阶段。2000年，省政府决定，学校与周边的电子工业学校、轻工业学校、对外经济贸易学校联合组建成立新的浙江树人大学。2001年，勘察工程学校并入学校；同年，在省教育厅的协调下，通过校区转换的方式购置了原浙江广播电视高等专科学校的校园。至此，学校极大地拓展了办学空间，增强了办学实力，跃上了一个新的发展平台。2003 年 4 月，教育部同意学校升格为本科院校。2004 年上半年，学校又以优异的成绩通过了省教育厅组织的本科教学工作水平评估。

20 年来，我们乘着改革开放的东风，高举民办旗帜，坚持教学质量为办学生命线，积极探索民办高校的发展机制，大力提高办学质量和办学水平。一系列改革实践，孕育出教育创新的丰硕成果，2004 年，学校招生 3600 多人，是 1985 年的 35 倍；在校学生 11000 多名，是 1994 年 10 倍；学校实验仪器设备总值 5000 多万元，是 2001 年的 5 倍。20 年来，学校为社会培养了 3 万多名优秀人才，他们正在祖国建设的各条战线上贡献着青春和才华。

20 年创业，20 年辉煌，学校 20 年的发展成就，凝聚了无数树大人的奉献、奋斗和汗水，承载着各级领导和社会各界的支持、关怀和厚望，是他们共同撑起了浙江树人大学辉煌的昨天和今天。在此，我们向为建设和发展学校倾注精力、作出贡献的历届党政领导和全体教职员工致以崇高的敬意和亲切的慰问！向在祖国及世界各地积极创业、默默奉献、为母校赢得声誉的 3 多万名校友表示节日的祝贺与问候！向长期以来关心和支持我校发展的各级领导、省市有关部门、兄弟院校及社会各界致以衷心的感谢和诚挚的敬意！

20 年的历史，20 年的升华，学校逐步形成了自己的办学理念和特色。这些理念和特色概括起来有五点。一是坚持社会主义办学方向。树大的办学者始终以"树人"为宗旨，把社会公益性放在首位，"上层次、上水平、争特色、创一流"是学校办学的目标，把树大办成国内一流民办本科大学是树大人奋斗的目标。二是坚持适合自身特点的办学机制。学校依据国情和学校实际情况，坚持机制改革与体制创新，无论碰到多大困难，始终高举民办旗帜，探索出了一套适合自身发展特点、对中国民办高校有借鉴意义的办学机制，形成了鲜明的办学特色。三是坚持"艰苦创业、务实创新、敬业奉献"的办学

情系树人

精神。树大从无到有、从小到大，办学条件从不完善到逐步完善，学校取得的成绩都是坚持和弘扬树人精神的结果。四是坚持教学质量为办学的生命线。建校 20 年来，学校始终把教学工作作为学校工作的中心，把提高教学质量、提高人才培养规格作为一切工作的出发点和落脚点。可以说，良好的教学质量是学校赢得政府和社会肯定的关键。五是坚持社会扶持、政府支持的办学路子。从创办以来，学校一直积极寻求社会力量的支持，争取各级政府的扶持，可以说，没有政府的扶持，学校不可能产生，没有办学过程中社会力量的支持，学校不可能发展壮大。20 年的办学历史告诉我们：高水平的民办大学一定要有自己明确的、长期为之实践的办学理念，进而通过积累形成自己的办学特色。特色就是水平，特色就是生命，特色就是学校持续发展的源泉和动力，我们一定要在今后的实践中不断丰富和凝练我们树大自己的办学理念和特色。

积 20 年办学经验，再创 20 年树大的辉煌。过去的 20 年，学校取得了喜人的成绩，这为学校的健康可持续发展奠定了良好的基础。往后的 20 年，将是树大进入发展的十分重要的时期，要在我国全面实现小康社会、我省提前实现现代化、高等教育大众化的极好时期，抓住机遇，开拓创新，扎实工作，发展自己。虽然已走过了 20 年的办学历程，积累了 20 年的办学经验，但是对一所学校来说，20 年历史是十分短暂的，树大还处于刚起步阶段，还是一所年轻的学校，一所新的本科院校。往后的 20 年，学校必将承担更繁重的任务，面临更激烈的竞争，面对社会更高的要求。我们将认真做好专科向本科的转型工作，建成一所合格的本科院校，争创国内一流的民办高校，努力实现"上层次、上水平、创特色、争一流"的目标，使树大真正成长为一棵生机勃勃的大树，成为广大青年学子向往的高等学府，成为受广大人民欢迎的大学。为此，我们要不断加深对现代大学办学规律的了解，坚持以"树人"为宗旨，深化与丰富学校的办学理念与特色；我们要认真学习国内外高等学校的办学经验，面向社会需要，结合学校实际，深化改革，勇于创新，形成能健康持续发展的办学模式；我们要不断拓宽学校的办学功能，增强办学实力，尤其是大力加强师资队伍和管理队伍的建设，实现"质量取胜、信誉取胜、环境取胜"；我们要争取政府和社会各界、国内外朋友更多的扶持和支持，加大对外交往，依靠社会力量共同办好学校。

20 年办学的成绩，为我们把由王家扬先生等老一辈创建的树大办得"更强、更高、更响"增添了信心和力量。我们要高举邓小平理论的伟大旗帜，以"三个代表"重要思想为指导，坚持科学发展观，牢记"崇德重智，树人为本"的校训，继承和弘扬树大精神，沿着树人之路阔步向前，为树大更美好的明天而努力奋斗！

2004 年 11 月

浙 江 省 人 民 政 府

　　浙江树人大学建校三十年来，始终秉承"崇德重智、树人为本"的理念，着力建设特色专业和优势学科，培养了一大批应用型人才，成为一所全国有较大影响的民办高校，为我省高等教育事业发展作出了积极贡献。希望浙江树人大学在新起点上，继续探索民办高等教育改革，紧贴社会需求，彰显办学特色，提升办学质量，努力培养更多优秀人才，为浙江经济社会发展作出新贡献！

李强

二〇一四年十一月三日

·建校三十周年

栉风沐雨，芦花似雪浮云白
春华秋实，枫叶成霞返照红

30 年经风历雨，当年在古运河畔栽下的小树苗已长成参天大树——树大已成了一所涵盖经济、管理、文学、工学、法学、艺术学等多学科协调发展的综合型大学，有 10 个二级学院、37 个本科专业，16000 余名在校生及 3000 余名继续教育学生。30 年锐意改革，而立之年的树大成了浙江人"弄潮敢为天下先"的一个缩影，"质量立校、人才兴校、科研强校、服务特校、开放活校、凝心聚力"等一项项战略工程的持续推进，使树大成为全国民办高校中一面高高飘扬的旗帜！

潮平两岸阔　风正一帆悬

陈加元 [①]

　　橙黄橘绿时节，我们怀着无比喜悦和激动的心情欢聚一堂，隆重庆祝浙江树人大学建校 30 周年。首先，我代表乔传秀主席、代表浙江省政协、代表浙江树人大学董事会，向树大历任校领导班子、广大师生员工和海内外校友致以节日的祝贺和诚挚的问候！向前来参加庆典活动的各位领导和嘉宾表示热烈的欢迎！向多年来一直关心和支持树大发展的各级领导、各界人士表示衷心的感谢！

　　三十年栉风沐雨，三十载春华秋实。30 年前，在省委、省政府和教育部的高度重视下，在社会各界人士的大力支持下，在时任浙江省政协主席王家扬等老同志的直接主持下，浙江省政协创办了浙江树人大学。这是改革开放以后我国最早成立并经教育部首批承认学历的全日制高校之一。30 年来，省政协领导、政协委员和机关干部，与广大师生筚路蓝缕，同心协力，培育、

---

① 陈加元（1953 年 6 月—　），曾任杭州市上城区委副书记、书记，省委政策研究室副主任，省政府办公厅副主任，省政府副秘书长，省粮食局局长、党组书记，中共嘉兴市委书记，浙江省人民政府副省长、党组成员、党组副书记；浙江省政协副主席、党组副书记。党的十六大代表。2013 年 6 月 28 日，在学校第七届四次董事会上当选浙江树人大学董事长。

呵护树大从一株幼苗成长为参天大树，令人欣慰，令人鼓舞，令人自豪！

斗转星移，薪火相继。30 年来，浙江树人大学三易校址、四改校名，但是学校坚持质量至上、为国植贤的办学方针没变，坚持办学的公益责任没变，通过教书育人服务经济社会发展的宗旨更是没有变。经过 30 年的传承与发展，学校在办学体制改革、教育教学改革、学科专业建设、办学条件改善等方面实现了一个又一个突破，走出了一条中国特色民办高等教育发展的新路子，成为浙江人"弄潮敢为天下先"的一个生动缩影，成为浙江教育大发展的一张靓丽名片。

浙江树人大学的 30 年，是艰苦创业的 30 年，是锐意开拓的 30 年，是硕果累累的 30 年。这些成就的取得，澎湃着改革创新的时代精神，浓缩着沧海桑田的历史情怀，饱含着各级领导的关爱指导与倾力扶持，凝聚着全体树大人的辛勤汗水和智慧心血！抚今追昔，我们由衷感谢王家扬等老领导、老同志，感谢一代又一代树大领导班子和师生员工，感谢你们为创办、发展学校作出的杰出贡献。

风雨多经人不老，关山初度路犹长。2014 年 7 月，学校与绍兴市柯桥区人民政府签订了合作办学协议，规划 800 亩土地用于杨汛桥校区建设；8 月，省政府批准同意学校建设新校区；11 月 1 日，学校隆重举行了杨汛桥新校区的奠基仪式。新校区的建设，解决了学校办学空间不足这个制约学校发展的瓶颈因素，实现了几代树大人的夙愿。不久的将来，一个开放、大气、美丽的杨汛桥校区将呈现在社会各界面前，学校将迎来新的发展机遇、迈进新的发展阶段。

三十而立。我们由衷希望浙江树人大学把 30 周年校庆作为加速发展的新起点、新契机，确定新标杆，激发新动力，重塑新优势；希望各位教师做"有理想信念、有道德情操、有扎实学识、有仁爱之心"的育人楷模和教学专家；

希望同学们志存高远，勤奋学习，刻苦磨炼，早日成才；希望各位校友和社会各界一如既往地关心和支持树大的发展。

潮平两岸阔，风正一帆悬。让我们携手并肩、继往开来，推动浙江树人大学重新出发、再创辉煌！衷心祝愿各位来宾、各位校友、各位老师身体健康、工作顺利、家庭幸福！祝同学们体魄健壮、学业有成！

树人之路　一路前行

徐绪卿[①]

今天，我们满怀无比喜悦的心情，在这里隆重举行浙江树人大学三十华诞盛典。首先我代表全校2万余名师生员工，向前来参加校庆的各位领导、各位嘉宾和来自国内外的校友代表，表示热烈的欢迎和衷心的感谢！

1984年，改革开放的春风吹拂中华大地，以王家扬先生为代表的一批老领导、老教育家，急国家之急，急人才之急，以为国植贤为己任，亲手在古运河畔播下希望的种子：改革开放后我国第一所开展普通高等教育的民办高校——浙江树人大学应运而生。

学校创立之初，没有经费，没有校舍，没有教师，办学极其艰难。为了心中的教育强国之梦，创办者们几改校名、几迁校址、几募人才，始终未改兴学育人之心。为解决办学用地，老领导们踏遍了城郊的村镇、田埂；为筹措办学经费，老教育家们访港台、走企业，四处筹钱，甚至自掏腰包、倾其所有；为聘请高水平教师，办学者们奔忙于杭城各大院校，把当时浙大、杭

---

① 徐绪卿（1956年8月—　），曾任兰溪市人民政府副市长、浙江省电子工业学校党委书记兼校长等职务。2000年3月起担任浙江树人大学副校长，2012年10月担任浙江树人大学第七任校长。

大等兄弟院校的一批教授请进了课堂……正是这种为国植贤的担当、百折不挠的意志、树人为本的情怀，支撑着一所"三无"民办高校，以顽强的品质深深扎根在浙江这片改革的土壤，焕发出勃勃生机。

30年来，一代又一代的树大人秉承"崇德重智、树人为本"的办学理念，发扬"艰苦创业、务实创新、敬业奉献"的树大精神，敢想敢干，敢拼敢闯，一步一个脚印，实现了一次又一次的跨越：1984年，学校创建获得浙江省人民政府批准，次年开始列入计划招收全日制普通高等教育学生；1993年，通过国家教委高校设置委员会评审，成为全国最早获得国家批准的四所民办普通高校之一；2000年，根据时任浙江省委书记张德江同志的批示，省政府统筹协调，学校与原浙江省电子工业学校、浙江省轻工业学校、浙江省对外经济贸易学校联合办学，组建新的浙江树人大学；2001年，原浙江省勘察工程学校并入；2002年，学校购买了原浙江广播电视专科学校的校园；2003年，学校升格为本科院校，成为我国最早获批的9所民办本科高校之一；2004年，时任浙江省委书记习近平同志来校视察，对学校的发展提出了明确的要求；2007年，学校通过了学士学位授予权评估；2011年，通过了教育部本科教学合格评估；2014年，省政府批准我校设立新校区，总投资近16亿元的现代化新校园开始兴建。

十年树木，百年树人。在省委、省政府和社会各界的关心支持下，在省政协、省教育厅的直接领导下，我们适应高等教育精英化、大众化、普及化、多样化的需求，坚持立德树人，德育为先，因材施教，培养德智体全面发展的社会主义现代化建设新人。

我们确立了"质量立校"战略，始终把办学质量视为生命线，把人才培养作为中心任务，办学特色初步显现，办学质量得到社会的广泛认可，学校生源丰裕，毕业生就业顺畅，一次就业率一直保持在95%以上。

情系树人

我们确立了"人才兴校"战略，高度重视师资队伍建设的"一号工程"，着力培养和提高师资水平，努力建设乐教、能教、善教、具有良好职业道德的教师队伍，升本10年培养了近50名教授、250余名副教授，目前，学校硕士及以上教师已占75%，博士和在读博士已达100余人，有两名教授获得全国优秀教师称号。

我们确立了"科研强校"战略，坚持科研反哺教学。学校拥有省哲学社会科学重点研究基地和省重点创新团队各1个，省重点学科7个，建有26个研究机构，升本以来科研累计收入超亿元，年科研经费正朝着3000万元的目标迈进，学报已经成为全国高校优秀学报。我们共获得10多项省部级以上政府奖励，科研竞争力稳居全国600余所民办高校前列，为提高教学质量提供了有力支撑。

我们确立了"服务特校"战略，坚持以服务经济和社会发展为己任，把高级应用型人才作为培养定位，探索新形势下人才培养的模式和机制，培育具有"服务"特色的专业和学科。我校国际贸易专业已成为国家特色专业，4个专业被评为省级重点专业，钢构专业毕业生享誉行业，东忠实习基地成为国家级大学生实习实训基地，红石梁班、盛全班等直接面向企业培养的定制班已达30余个。

我们确立了"开放活校"战略，坚持"引进来"与"走出去"并重的国际合作战略，积极开展多层次、宽领域的对外交流与合作，并通过举办、承办或参加国际学术会议，引进国外智力，拓宽教师的国际化视野，提高学校的国际化水平。

我们确立了"凝心聚力"战略，增强师生员工对民办体制的认可度和归属感。我们发挥体制机制优势，积极探索和大胆创新民办高校运作模式，主要依靠社会力量解决办学经费，30年来为政府节省了数十亿元的办学资金。

经过多方努力和坚持，学校已发展成为一所全日制普通高校，在校生16000 余人，另有继续教育学生 3000 余人，涵盖经济、管理、文学、工学、法学、艺术学等多学科协调发展的综合型大学。学校目前设有 10 个二级学院、37 个本科专业；教学、科研仪器设备总值 1.5 亿元，纸质图书 150 万册；校园面积 1300 余亩，其中 800 多亩的新校区正在建设之中。更让我们引以为傲的是，30 年来我们已培养了 7 万余名经济社会发展急需的人才，为浙江乃至全国经济和社会发展作出了自己的贡献。他们当中有成就浙江资本市场滨江模式、位居 2013 福布斯中国富豪榜第 21 位的浙江大华技术股份有限公司董事长傅利泉，有浙江双环传动机械股份有限公司董事长吴长鸿和杭州微光电子股份有限公司董事长何平，有叱咤文坛、创造畅销小说销售神话《盗墓笔记》的作家南派三叔徐磊，有新生代著名剧作家、文学评论家骆烨，更有一大批在平凡工作岗位上默默无闻、辛勤工作的树大学子。他们带着母校的精神与期许，活跃在祖国建设的各行各业，他们用自己的青春、梦想、成就、责任与担当，生动诠释了这所年轻的民办本科大学的教育梦想与民族担当，共同维护和创建浙江树人大学的形象和品牌，广大校友创业创新、守志笃行的精神与意志，成为浙江树人大学发展的不竭动力和重要资源。借此机会，我们谨对广大校友取得的进步和成就表示由衷的祝贺，对广大校友给予学校发展的关心和支持表示诚挚的感谢！

回首浙江树人大学走过的 30 年风雨历程，我们有无数个不能忘记。

我们不能忘记：倪宝珊、孙延年、冯孝善、毛树坚等四位省政协常委联合倡议建一所民办大学，省政协王家扬主席的欣然支持。一大批本可颐养天年的老领导、老教育家为树大的建设与发展出谋划策、亲力亲为，他们在这里再续价值和梦想的篇章，为学校的成长发展无私奉献。

我们不能忘记：省委、省政府、省政协及各厅局领导对于创办和建设树大的鼎力支持，他们像对待自己的孩子一样帮助学校排忧解难，悉心呵护，关注和鼓励学校的每一步成长。

我们不能忘记：在杭各高校、社会各界和有识之士对树大办学的慷慨帮助。学校筹办，省政协挤出了办公室；招生之初，杭州电子科技大学腾出了半层教学楼；发展之中，浙江大学、中国美术学院、浙江工业大学等兄弟院校纷纷伸出援助之手。

我们不能忘记：在学校适应社会需要、积极推进人才培养模式改革的进程中，红石梁集团、盛全物业有限公司、东忠科技有限公司等名企积极参与，为学校培养高质量人才献计献策。国内许多领导、专家和民办高校领导，高度关注浙江树人大学的改革和发展，多次来校指导，共同为培养应用型人才和提高民办高校育人质量贡献力量。

我们不能忘记：2000年新树大成立之前，原浙江电子工业学校、浙江轻工业学校、浙江对外经济贸易学校和浙江勘察工程学校领导和老师的艰苦创业，他们用勤劳的双手和全部的精力，为浙江树人大学的发展奠定了良好的基础。

我们不能忘记：一代又一代树大人，视学校建设与发展为自己最大的事业，不畏艰难，勇于拼搏，任劳任怨，勇于创造，用艰苦的努力与辛勤的汗水，共同筑建浙江树人大学的高楼大厦。

正是因为有了大家的呵护与培育，1984年播下的愿景，才能在浙江这片神奇的土地上生根、发芽并茁壮成长，才有今天呈现在我们面前的累累硕果、桃李满园。在这里，请允许我代表全校师生员工，向长期以来给予我校关心和支持的各位领导、各级组织和各界人士，表示由衷的感谢和崇高的敬意！

忆往昔，我们感慨万千；看今朝，我们信心满怀。走到而立之年的学校，已初步探索出一条独具特色的民办高校育人之路，成为全国民办高校的一面旗帜。

始终坚持社会主义办学方向、坚守公益性办学的初衷，任何人不占有学校资产，不世袭学校职位，所有收入全部用于办学育人，已经融入了每个树大人的血液中，成为我们的信仰与追求，这是我们的立志之本。

始终秉承"崇德重智、树人为本"的办学理念，完全契合"立德树人"的根本要求。德育领先，全面育人，办人民满意的大学，已经成为每个树大人共同的价值观，这是我们的立人之本。

始终坚持以质量为学校的生命线，以育人为第一要务，不断加强思想政治教育，推进教育教学改革，加强师资队伍、科研队伍、管理队伍、服务队伍建设，已成为每个树大人的责任与担当，这是我们的立校之本。

始终坚持民办的体制机制，不断完善董事会领导下的校长负责制，加强党的建设和民主办学，事业同干、成果共享的利益共同体架构，已经深深地烙印在树大的办学特色中，这是我们的立业之本。

通过30年改革创新、探索积淀的学校，已形成了特有的大学精神、大学理念、大学文化与大学特色，这让我们所有树大人，面对未来的机遇与挑战，充满信心、充满干劲、充满希望！

成绩只属于过去，未来还需要我们努力开创。站在30年发展的基础上，站在全面深化高等教育改革的今天，我们绝不会沾沾自喜、妄自尊大。在学校中长期发展规划中，我们为自己设定了新的更高的奋斗目标，那就是"把学校建成一所综合实力在全国民办高校中处于一流、部分学科和研究领域在全国高校中有重要影响、质量优良和特色鲜明的教学服务型大学"。

我们将全面深化教学服务型大学的制度建设，紧紧围绕以教学工作为中心，以人才培养为根本任务，以服务社会为宗旨，突出人才培养的针对性、适切性和应用性，在资源配置、人才培养、科学研究、队伍建设和学校管理等各个方面，全面贯彻服务国家、服务师生、服务社会的要求，强化服务理念，凸显服务特色，提升办学质量，创新管理模式，开拓学校发展的新局面。

我们将全力提高应用型人才培养质量。继续实施"教学质量工程""千人业师工程""创建优秀课堂"等举措，不断深化教育教学和培养模式改革，使高级应用型人才培养落到实处。

我们将大力加强师资队伍建设。通过进一步深入实施"教授培养工程"、鼓励青年教师攻读博士学位等措施，不断提高教师的教学水平和综合素质，为人才培养提供核心保障。

我们将积极争取开展研究生教育。采取切实有效措施，集聚优质资源，进一步推进改革和发展，提高学科建设水平，使5个左右的学科能首先达到硕士学位点申报的条件要求，争取早日取得硕士研究生的教育资格。

我们将强化与国际接轨的开放办学。进一步强化与企事业单位的合作，推进应用型人才的培养；强化与境外高校和科研院所的合作，通过教师互派、学生互换、学分互认和学位互授联授等举措，提高学校的国际化办学水平。

我们将着力规划建设好新校区。办学空间不足是一直困扰学校发展的瓶颈。新树大成立以来，学校历届董事会、党政领导班子一直致力于拓展办学空间。在反复比较、科学论证的基础上，学校决定与柯桥区政府合作，在杨汛桥建设占地800亩的新校区，现在已经获得了省政府的批准。11月1日，我们在杨汛桥举行了新校区的奠基仪式。我们一定要规划好、建设好新校区，为学校下一个30年的发展奠定坚实的基础。

三十载栉风沐雨，三十年锐意改革，三十年梦想与荣耀。三十而立，浙江树人大学的发展将翻开更加灿烂辉煌的篇章。我们要以校庆三十周年为契机，"发现新机遇、确立新标杆、激发新动力、重塑新优势"，为创建高水平民办大学而共同努力！

树人之路，一路前行！

2014 年 11 月 8 日

情系树人

·建校四十周年

初心不改，岁月芳菲含斧藻
奋楫前行，黉堂钟磬听玲珑

    回首树人40年奋斗历程，从1984年蹒跚起步，到1991年在舟山东路立足；从1993年成为国家首批正式承认学历的民办高校，到2000年与四所公办中专学校联合组建新树人；从2003年升格为本科院校，到2016年杨汛桥校区全新亮相，树人一直初心不改、奋楫前行！

    青衿之志，履践致远。新时代，面对人民日益增长的上"好大学"的要求，在教育强国建设和高教强省战略中，进入不惑之年的树人学院依靠什么继续获得生存和发展？在学校发展进入新赛道关键时期担纲校长的李鲁同志通过广泛调研，汇聚众智，提出了"树人要实现高质量发展，必须搞学科建设，必须有特色学科"的目标以及"以新医科建设为牵引，推动学校高质量发展"的学科建设新思路，借以实现树人的学科建设从跟跑、并跑到领跑……

重温讲话精神，走好走快"树人之路"

——写在浙江树人学院建校四十周年之际

李 鲁^①

2019 年 11 月 20 日，根据省政协和省教育厅的安排，我来到浙江树人学院担任学校创办以来的第八任校长。在此之前，因我在省教育厅担任分管高教的厅领导，受组织指派，我曾担任过学校第七届董事会的董事，参与董事会的重大决策。2012 年，我因担任中央人民政府驻香港特别行政区联络办公室教育科技部部长而辞去董事职务。但我在香港工作的 8 年里，因学校跟港澳知名人士有着十分密切的联系，与众多港澳著名大学有着深入的合作，我跟树人学院的缘分一直未断。担任校长之前都是从外部看树人，看到了很多树人的外在表象；担任校长后，真正从内部看，看到了很多树人不为人知的内在本质，并深刻地感受到了树人学院 40 年建设和发展的"不容易、很努力

① 李鲁（1959 年 9 月—　），曾任浙江医科大学党委副书记，浙江大学湖滨校区工作领导小组组长，浙江大学医学院党委书记、常务副院长，浙江师范大学党委书记，浙江省委教育工委副书记、浙江省教育厅副厅长，中央人民政府驻香港联络办公室教育科技部部长等职。中共十七大代表，浙江省政协第十二届委员会常务委员。现任浙江树人学院校长。

情系树人

和了不起"。

我曾在浙江医科大学、浙大医学院、浙江师范大学担任过领导，也曾分管过全省高等教育的建设和发展。但担任浙江树人学院校长一职，对我而言是一个新挑战，因为民办教育，必须遵循高等教育规律和民办教育规律。我花了整整3个月的时间，一方面深入各学院、研究院和机关部门，走到教室、实验室、学生宿区开展调研，了解办学历史，摸清树人家底；另一方面反复重温2004年9月8日习近平同志来校视察的讲话精神。尽管习近平同志来校视察的讲话只有几百字，但却字字珠玑、内涵丰富、思想深刻。讲话既是对前20年学校依靠社会力量办学路子的肯定，指明了依靠谁来办的问题，也是对"服务经济结构，调整服务产业发展"的应用型大学定位的要求，指明了如何办的问题，更重要的是提出了学校未来20年要为科教兴省等作出"三个贡献"的殷切期盼，为学校发展指明了方向。习近平同志的讲话内涵丰富、意义深远，是学校最宝贵的精神财富，更是办学的根本遵循。

一、依靠社会力量办学，走好树人之路

作为经济大省的浙江，与广东、江苏等经济大省相比，在高等教育方面存在短板，社会对加强高等教育建设的呼声很高，也得到浙江省委省政府的重视。20世纪80年代初期，根据中央和省委关于"发展高等教育必须坚持'两条腿'走路的方针，多种形式办学"的指示精神，浙江省政协提出从浙江省高等教育现状出发，在继续办好已有高等学校的同时，还必须发挥民间办学的积极性，实行"多种形式办学"，才能适应社会发展和"四化"建设的需要。浙江省政协建议由省政协牵头，利用民主党派和社会上的知识力量，通过民间集资的办法，兴办一所文理工相结合的综合性全日制民办大学。这一建议

很快得到省委、省政府的重视，省政府正式批复省政协，同意依靠各民主党派和社会力量筹建一所民办大学，并纳入省教育事业发展规划。依靠社会力量办学，成为学校一个最鲜明的特征。

建校初期，学校借用省政协办公楼里的一间办公室开始了千头万绪的筹建工作，借用杭州电子工业学院的教室和办公室开展正常教学。学校在发展过程中，王家扬等一批老领导倾情投入、无私奉献，为学校建设四方奔走、八面呼吁，有人形容他们是"跑断腿、磨破嘴、碰痛头、跌过跤、流大汗"。为筹措办学经费，王家扬先生率省政协团组走访港澳台政协委员，寻求支持，王宽诚、查济民、王强华、贺田等一大批港澳台爱国人士、杰出乡贤纷纷捐款捐物，学校所在地拱墅区的乡镇村支持征地建校，为学校的初创和发展奠定了坚实的物质基础。很快，学校在舟山东路建起了自己的校园，查济民先生捐建了第一幢教学楼，王宽诚先生捐助成立了学校首个大学基金会，贺田先生捐建了学校首个图书馆，王强华先生捐建了学校首幢综合楼，日本静冈县友协捐建了首间电教馆以及电脑，到1994年，经过10年建设，学校已初具高校雏形。

汤为平女士（省委统战部原副部长、浙江省工商业联合会原党组书记）回忆到：

创办初期，资金短缺，时任省政协主席王家扬找到我父亲汤元炳，希望父亲通过海外的关系，看能不能联系到一些工商界人士，给学校争取一些捐赠。我父亲就想到了查济民伯伯，几次交流下来，查先生欣然答应，愿意捐建一栋教学楼，预算是人民币400万，后来又追加60万，共计捐赠了460万，在当时这个数额是很大的。教学楼建好后，学校提议用查先生的名字命名，他婉拒，"我为教育事业做点贡献也不是为了

情系树人

扬名"。后来经过反复劝说，他才同意了查济民大楼的命名。

2022 年，学校荣誉董事贺定一女士来校时，也深情地回忆起父亲贺田先生参与学校建设的经历。她说："父亲 1986 年担任学校的副董事长，当时真是非常困难，面临'三无'境地，没有宿舍，没有老师，也没有资金。我记得当时我父亲什么都要买，买凳子、买桌子，都全部自己弄，还会去找哪里有便宜的，不能浪费资金。当时，我父亲和我的弟弟贺一诚，都为建校四处奔走。前辈们的办学精神给我留下了深刻的印象。"

2022 年 8 月，我率团访问澳门，贺一诚特首接见我们时也如数家珍地回忆当年他随贺老一起陪同王家扬先生考察东亚大学（现澳门科技大学），了解私立大学办哪些应用型专业好。贺老建议，浙江外向型经济兴起，外语、外贸人才紧缺，办应用型专业，并赠言"办好，就好办了"。

查济民先生、贺田先生的故事只是依靠社会力量办学的一个缩影，在学校 40 年的办学过程中，学校历任校长书记中有浙江大学原副校长、省政协原副主席周春晖，浙江医科大学原校长、省政协原副主席陈昭典，浙江农业大学原校长陈子元院士，浙江大学原党委书记梁树德，浙江师范大学原党委书记、校长朱玉，中国美术学院原党委书记毛雪非等，他们在学校规范建设和高质量发展过程中起着把舵领航的作用。而来自浙江大学、杭州大学、浙江工学院、中国美术学院、杭州电子工业学院等高校的一批老领导、老教授纷纷加盟，参与教学和管理，使学校的办学从一开始就走上正规大学学历教育的路径，为人才培养质量提供了坚实保障。如学校艺术学院自 2000 年创办以来，就得到中国美术学院的大力支持，历任院长均由中国美术学院选送，分别是曹剑锋教授、秦大虎教授、卢少夫教授、赵燕教授，他们既有很高的艺术造诣，也有丰富的管理经验，使树人艺术学院有了一个高起点。而来自众多高校的高水平教授，不仅确保了教学质量，也汇聚了浙派学风涵养。正如学校首届毕业生包静（现任中国茶叶博物馆馆长）所说："当年虽然学校的条件很艰苦，但是我们的师资非常的强、非常的好，当时给我们上课的老师有一批省内高校的高水平教授，虽然我们坐在树大的课堂，但是我们可以享受到浙大学生的学习待遇，这也为我后来在职场的发展奠定了很好的基础。"

2004年，习近平同志视察学校时动情地说，"20年的时间，通过新体制，特别是通过一批老领导、老教授、老教师，通过社会力量，建起这所学校，非常不容易"。"树人大学的发展证明这条路是正确的。"

学习习近平同志讲话精神，我的体会是：这不仅是他对一所学校的肯定，也是他对社会力量办大学的一种模式、一种路径的肯定，体现出他对高等教育发展的宽广视野和价值追求。这不仅是对以王家扬先生为代表的老一辈人办学的充分肯定，更是对浙江高等教育锐意进取、勇于创新的赞许，是从历史发展的客观规律对高等教育特别是民办高等教育的深刻总结。

2004年以来，学校坚定不移地沿着社会力量办学的道路前行，香港友人李常盛、李碧葱、邓杨咏曼等纷纷捐资支持学校礼堂、游泳馆和茶文化实验室建设，傅利泉等校友设立奖教金、奖学金等，依靠社会力量办学，成为学校不断取得优异成绩的最重要法宝。

二、坚持应用定位，育好树人之才

1999年1月，王家扬先生给时任浙江省委书记张德江、省长柴松岳去信，提出《关于加快发展高等职业教育的建议》，建议中特别提出：改革开放二十年来，我省高等教育有较大的发展，但仍不能适应社会、经济快速发展的需要，尤其是一线岗位实用型和技能型的高级人才不足。发展高等职业教育需要有较大的投资，完全靠政府投入有一定困难，应建立政府和社会力量以及社区代理人办学的机制，这样可能会达到快、省、好地发展高等职业教育的目的。他讲到：省政协创办的浙江树人大学，是一所民办大学，它侧重于应用型的高等专科学校，十多年来，历届毕业学生在各个工作岗位的适应能力较好，得到社会的好评。建议省委、省政府考虑，由省教委牵头通盘研究舟山东路十三所学校体制改革问题，联合将其办成一所省高等职业大学。

家扬先生的建议肯定了学校办学以来培养应用型人才的定位，更是站在全省经济社会发展的高度提出了发展高水平职业教育等具有前瞻性的意见。建议很快得到省委、省政府回应。2000 年，浙江树人学院与浙江省电子工业学校、浙江省轻工业学校和浙江省对外贸易学校四校联合组建新的浙江树人大学正式获批。2001 年，浙江勘察工程学校并入，统一领导、统一规划、统一建设，开始了一所规模较大、质量较高、机制灵活、特色明显的全日制民办高校的新探索。

作为一所年轻的民办大学，培养什么样的人才，这是一个要回答好的关键问题。2004 年，习近平同志来校视察的讲话给办什么样的民办大学指明了方向，他指出："现在，我们国家的战略是教育兴国，我们省是科教强省。浙江省发展到现在，经济社会发展比全国平均水平要早 10 年。我们现在正在编制'十一五'规划，确立了新的发展目标。现在，要解决产业结构、经济增长方式等问题，都需要人才，都需要我们整体公民素质的提高，需要干部队伍水平的提高，这些最终都要靠教育。所以，我们要十分重视教育，要多元化、多渠道、全社会整合我们的力量和资源，把教育办好。"我的学习体会是，习近平同志的这段讲话明确指出了教育的极端重要性，即解决产业结构、经济增长方式等问题需要人才，人才靠教育培养；整体公民素质提高依靠教育，干部队伍水平的提高也需要教育。这就为树人学院办学指明了方向，我们的首要任务是要培养人才，要服务产业结构调整、服务经济增长，是要为提高整体公民素质和提升干部能力水平服务的。

按照习近平同志的指示精神，学校在全国高校中较早明确了培养高级应用型人才的定位，基于浙江民营经济大省的实际，提出了"民办（高校）对接民营（企业）"的思路，在全省高校中率先开办了园林、国贸、工商管理、装潢设计等专业。曾经有人说，杭州的装潢设计行业中树大毕业生占据半壁江山。办学15周年时，时任浙江省省长柴松岳评价：树人大学的办学思想和方针是很好的，其中之一就是专业新，能根据市场需求来设置专业，做到培养和需求相结合，办得有特色。

办学定位是学校立身之地和跨越发展的台阶，这或许是过去40年里学校取得较好社会声誉的一个原因，特别是办专业有特色。譬如，茶文化专业的建设起步早，能在"G20杭州峰会"上由我校学生承担"习奥会"的最高标准接待任务、杭州亚运会接待国际奥委会主席的茶艺表演等。又如1994年，学校率先在全国开设首个"家政学"专科专业等，都体现了社会进步的特色。进入新时代以来，我们开办了钢结构专业，通过建设钢结构行业学院，在土木工程专业上与浙江建筑行业紧密对接。所以国家一流课程有了、教材有了、名师团队有了，我们年轻教师走上了国赛一等奖的领奖台，学生在全国结构设计大赛中持续获得一等奖。

基于高级应用型人才的培养，学校坚持将实践教学和职业技能培训作为必备的教育环节，以确保学生所学的知识和技能与实际工作需求紧密相连。如新开设的医学检验专业实验室，直接配置三甲医院同规格的"迈瑞"一体式生化流水线，培训的学生可零距离胜任化验员岗位。这样的教育模式能使学生更好地适应市场变革，增强其就业竞争力，同时也为社会和行业的进步提供强有力的人才支撑。

近年来，学校主动对接浙江钢结构行业、光环境设计和未来社区发展，创建了钢结构、瑞林光环境和七彩树人未来社区学院等新兴行业学院和现代产业学院，并着力推动新兴行业学院向现代产业学院的升级，构建了与政府、行业协会、企事业单位及国外高校"四轮驱动""六维协同"的人才培养共同体，每年直接受益学生4000余名。通过共同构建治理结构、共同制定培养方案、共同组建教学团队、共同实施教学管理、共同打造产学研基地、共同开展项目研发，校政企合作的人才培养模式由松散变为紧密，合作领域由联合人才培养扩大到教学培养、科学研究的融通。

截至目前，学校已有11万名校友遍布各行各业，涌现出国家科技进步奖获得者胡军祥，浙江工匠罗彬、许泽梅，大华股份有限公司董事长傅利泉，浙江省首批社会工作领军人才张敏华，《盗墓笔记》作者南派三叔徐磊等大批优秀校友，他们的辉煌成就既是对我们办学的肯定，更为学校赢得了良好的社会声誉。

三、锚定"三个贡献"，提升树人质量

创办树大的初心是解决人民群众"没书读"的问题，40年的办学实践一直兑现着"为人民办大学"的初心。在新的历史时期，面对人民群众"读好书"的需求，怎么办好人民满意的大学？如何答好20年前习近平同志对树人提出的"希望树人大学在今后的20年，和我们'三步走'的发展战略相联系的20年，又有新的贡献，为全省的科教强省作出更大的贡献，为早日实现现代化作出更大的贡献"的"三个贡献"时代试卷？历史的接力棒交到我和班子同志的手里，这是我们这一代树大人沉甸甸的责任。

20年前，习近平同志对学校提出的"三个贡献"的要求，体现出他对教

育使命的要求，更是对我校办学的一种崇高使命的要求。我担任校长以来，通过对树人40年办学的历史逻辑的回溯，与兄弟院校错位发展的实践逻辑对比，提出了"以学科建设为引领，推进学校提质升格，实现名校民办"的新定位，通过班子读书会、中层干部会、学科骨干会等形式，与全校师生形成共识，共同实践好和回答好如何实现"三个贡献"的时代新命题。近年来我们着重回答好以下几个问题。

一是特色学科建设问题。2020年第一期的《浙江树人大学学报（人文社会科学版）》刊发了国务院发展研究中心单大圣的文章《"十四五"时期民办教育发展的展望与建议》，文章认为"民办教育面临着生源减少、竞争加剧、转型提质和社会认可度低的严峻挑战""民办学校发展到今天，规模扩张的空间已经十分狭小，但在质量提升和特色彰显方面仍具有很大的潜力"，作者提出"'十四五'时期民办学校要加快转型，真正将学校的发展重心转移到内涵建设、凝练特色和提高质量上来，坚持错位竞争，深化人才培养模式改革……形成依靠办学质量来改善社会声誉的机制"。进入不惑之年的浙江树人学院，依靠什么来继续生存和发展呢？学科建设是关键，学科建设的水平就是办学水平、办学实力和办学特色的标志。从高等教育发展历史来看，无论中外都是一个道理。首先有好的学科，才有好的学校、好的名校。所以学科是一个学校知名度和美誉度的最重要载体，是凝聚人才的重要平台，是赢得社会支持的窗口。树人要实现高质量发展，必须搞学科建设，必须有特色学科。

2020年春，我在学校党委理论学习中心组专题学习会专门就学科建设讲了三个问题：为什么？是什么？干什么？首先在学校领导和主要职能处室负责人层面统一对这些问题的认识。

2020年夏，在学校中层干部大会上，我又以《以学科建设为引领 推进学校提质升格》为题，就如何做好学科建设进行广泛动员。我们通过纵横比较，看到了 36 年的办学实践，为树大以学科建设为引领的学校提质升格发展打下了良好基础，坚定了大家做好学科建设的信心。我们也对标对表按国家硕士授予单位的基本条件，找出了存在的短板，使找差距、强弱项、补短板成为学科建设要补的基础课、基本功。在纵横分析的基础上，我们找到"一招鲜"的特色强项，找准生态位，走错位发展的道路。香港的高校能位居亚洲前茅，其中一个经验就是错位发展，香港大学医学、法学强，香港科技大学理学、工学强，每所学校都有自己的"一招鲜"。错位发展要求我们不仅要明确自身在高等教育体系中的现有地位，还需要进一步明确在整个高等教育体系中的生态位，避免与同类同层次高校同学科硬拼。错位发展也是"发展中"高校不得已而为之的战略选择。只有这样，我们才有可能实现弯道超车甚至变道超车，实现学科建设从跟跑、并跑到领跑。

2020 年起，在省教育厅的支持下，学校与浙江工业大学、浙江师范大学、浙江中医药大学、浙江工商大学、湖州师范学院等兄弟高校合作，纳入省计划的联培研究生从无到有，现有在校生 186 人，已毕业 40 人。2020 年下半年，经过校内竞赛，学校确定了公共管理、环境工程、计算机科学与技术、国际商务、护理学等申硕重点学科，年投入近 1 亿元支持重点学科建设。2023 年初，学校积极融入省"196"工程，提出了"以新医科建设为牵引，推动学校高质量发展"的学科建设新思路。目前临床医学获批省一流学科 A，实现了学校在省一流学科 A 的突破，4 个学科入选省一流学科 B，初步形成"1（省一流学科 A）+4（一流学科 B）+N（校重点学科）"的学科建设体系。

二是学科队伍建设问题。人才是发展的核心要素，也是学科建设的重中之重。从根本意义上讲，学科建设成功与否、学校高质量发展能否实现，都取决于人。对学校而言，人才就是核心竞争力。我专门调研过香港科技大学，其成功经验就两条：一靠钱，二靠人。短短的 20 多年时间，港科大能跃居亚洲顶尖大学，比钱更重要的是人才。首任校长吴家玮在创校之初，亲赴海外高校广延人才，吸引国际一流的资深学者来港，组建了一支最优秀的教学与管理团队，港科大的异军突起，改变了香港高等教育的格局和方向。

学科既然是一个组织，学科建设必然是一个学术的群体性行为。但由于历史的原因，学校在学科队伍上存在严重短板，集中表现在两个方面：一是教师总量不足，学科队伍建设意识不强，大部分老师没有学科归属感，基本处于散兵游勇、单打独斗的状态；二是高层次人才稀缺，既缺少学科领军人才，也缺少青年博士这些新鲜血液。树人要提质升格，首先要尽快补上这个明显的短板。

为加快学科队伍建设，我们既抓育才也抓引才。育才和引才都是为了组成学科。近年来，学校年度投入学科建设经费 8000 万元，其中 4000 万元用于人才队伍建设，截至 2023 年，已连续三年引进博士年均过百名。在近三年新获得的国家级项目中，50% 以上是青年博士的项目。

学科作为一个组织，必然要有组织力、影响力和号召力，形成群体的竞争力。学科有组织架构，必须要有学科带头人，强将手下无弱兵，有学科带头人的带动，才能到外面去竞争。近年来，我们引进了白俄罗斯国立大学原校长谢尔盖院士，启动中白科技合作的新篇章；引进了浙江大学附属第一医院原院长郑树森院士，创设树兰国际医学院、开设临床医学等专业；引进了国家杰出青年、浙江省高校"钱江学者"特聘教授、浙大"求是学者"特聘教授、教育部创新团队带头人刘维屏教授，创建了交叉科学研究院，通过两年的建设，获批省重点实验室培育立项；引进了国家教育名师王万良，计算机科学与技术专业入选国家一流专业。事实证明：通过引进一个、带动一队、影响一片，充分发挥人才带来的乘数效应。

情系树人

三是学科平台建设问题。平台是人才的高地、队伍的驻地。高水平的创新平台和科研基地建设，是学科创新和进入科学研究前沿的重要基础条件。学科平台包括学位点、基地、重大专项等，是承接科研任务和社会服务的重要载体，也是学科展示建设水平的重要窗口。学科平台通过学科建设搭班子、定战略、带队伍的学科组织体系，培养和提高教师队伍的学术水平，促进学科间的交叉、融合和发展，从而促进高校科研水平的提高。通常情况下，平台建设水平决定了高校学科建设成效。

2019年我来到学校时，当时仅有浙江省哲学社会科学扶持型研究基地"浙江省现代服务业研究中心"和教育部区域与国别研究基地"白俄罗斯研究中心"2个省部级平台。2020年，我们考虑到大学学科建设投入产出的效度、速度、显示度，为破解传统学科之间的壁垒，促进理工结合、工文渗透、医工信融合等多形式的学科交叉，推动学校"新工科""新医科""未来技术人才"教育培养方案改革，满足国家社会发展对培养新时代复合型人才要求。学校基于生物医药环境信息等已有水平条件和原有的学科基础、实验设备条件，依托生物与环境工程学院、树兰国际医学院和信息科技学院等相关学科，决定聘请国家杰出青年刘维屏教授担任院长，创设浙江树人大学交叉科学研究院，作为提升学校学科水平的重要抓手和展示学校学科水平的重要窗口。

经过4年的建设，交叉科学研究院已取得骄人的成绩。2022年，浙江省污染暴露与健康干预实验室获省重点实验室（培育）立项，实现了学校省级重点实验室零的突破。2023年，综合基础实验教学示范中心成为省级实验教学示范中心，分析测试中心与安全评价中心获国家第三方检验检测机构资质（CMA），面向国际的GLP（Good Laborating Pratice，优良实验室规范）实验室即将建设完成。交叉科学研究院面向全校学生组织了登峰班，仅2023年就斩获国家级甲类学科竞赛一等奖1项、二等奖1项、三等奖4项；在省级甲类竞赛中取得一等奖 2 项。近三年，交叉院获得国家自然科学基金 12 项，占全校国家自然科学基金项目的 52.17%；省部级项目 9 项，占全校理工类省部级项目的 17.65%；第一作者发表 SCI 论文 93 篇，占全校发表 SCI 总量 571 篇的 16.27%。

近年来，学校学科平台建设速度加快，先后获批全省唯一的教育部高校思想政治工作创新发展中心，遥感图像处理与应用获省国际合作基地，浙江—荷兰口腔疾病数字化诊疗联合实验室获批浙江省国际联合实验室，省部级平台从 2 个到 6 个，尽管数量还不多，但平台覆盖面不断扩大，影响力不断加大，水平线不断提高，有力地支撑了学科建设。

当然，学科建设不仅是学科带头人和学科骨干的事，更需要外部的支持。回顾树人 40 年的发展，除了自身的努力外，更得到省委、省政府的关怀重视。从 1984 年给学校创办以政策和经费的支持，到 1991 年帮助学校落脚舟山东路，有了安身立命的办学基地；从 1993 年帮助学校首批得到国家正式承认，到 2000 年决策联合四所公办中专学校组建新的浙江树人大学；从 2003 年支持学校升格本科，到 2019 年杨汛桥校区全部建成，无不凝结着省委、省政府和省教育厅等省直有关部门的高度重视和大力支持。

学校的发展始终得到省政协的坚强领导。学校的创办源自省政协，在创办之初，省政府在给省政协的办学批复中就明确，省政协对学校进行领导管理。随着学校的发展，省委又召开专题会议再次明确，由省政协对学校进行领导。省政协对学校的领导主要体现在政治领导上，就是依靠省政协的政治优势推进学校改革发展。每年省政协全会的工作报告都专门提及树人大学的工作，历任省政协主席对学校始终给予高度重视，学校董事会历任董事长都由省政协中共党员领导担任，校长绝大多数由省政协领导或常委担任，且均由省政协和省教育厅协商后由董事会聘任，校党委书记也是经过省政协党组研究后由省教育厅党委任命。一直以来，事关学校发展的重大事项，省政协党组会议和主席会议都要进行专题研究。曾任省政协主席的葛慧君同志明确指出："要延续政协血脉情缘，这是其他大学所不具备的、树人大学所独有的优势。"省政协的坚强领导是学校发展的关键靠山。

学校的发展有社会各界的大力支持。从最初港澳台人士的捐资，到现在企业家、校友的捐助；从省级各有关职能部门在招生计划、专业申报、土地指标、建设资金、人才保障等方面的大力帮助，到绍兴市政府及其下辖柯桥区政府在新校区建设上倾力投入，都充分体现了社会各界对学校发展的关心和厚爱。尤为重要的是，学校有一个汇聚各方力量的董事会，各董事会成员单位为了树人大学的发展而共同擘画蓝图，形成了非常好的发展大环境。社会各界的大力支持是学校发展的强大力量。

学校发展离不开数代树大人的艰苦奋斗。办学之初，一批老领导、老党员不拿一分报酬，家扬先生拿出个人工资补贴学校用度。学校借用其他单位场所办学、聘用兄弟高校师资，坚持将学校办了起来。许许多多的教职员工，不计个人得失，潜心育人，甘于奉献，在他们的辛勤付出下，树大由幼苗长成了今天的参天大树。广大教职员工的艰苦奋斗是学校发展的不竭动力。

雄关漫道真如铁，而今迈步从头越。40年树人之路，40年初心不改。面向未来，我们唯有不忘"立德树人"初心，牢记"为国植贤"使命，砥砺前行，方能将接力赛中我们这一棒走好、走快，走出高质量发展的"树人之路"。

谨以此文献给浙江树人学院建校四十周年！

2024 年 1 月 24 日于杭州

我与树大十年间

周　进[①]

　　1999—2008 年，是浙江树人大学从小规模向五校大联合，从专科向本科大学升格并巩固提高的重要阶段。我有幸见证并跟随时任董事长陈文韶同志服务于学校的大发展，也如同自己读硕读博一般受益匪浅。

　　我是 1998 年下半年从空军部队转业到省政协机关工作的，第二年 5 月组织上安排我给陈文韶同志当秘书，文韶同志时任省政协副主席兼秘书长，而浙江树人大学主管单位是省政协，所以就有了与树大领导接触的机会。特别是 2000 年 4 月底树大五届一次董事会在杭州花家山庄召开，选举文韶同志担任董事长，我与树大的关系也更加密切起来。

　　文韶同志曾长期在教育系统工作，担任过高校党委书记和省委高教工委书记、教委主任等，对学校工作驾轻就熟，但树大是一所特殊的学校，办学

---

① 　周进，1958 年出生于吉林，成长于浙江江山（祖籍）、江苏常熟，长江边知青岁月 4 年；晋冀鄂沪浙军旅生涯 20 年，空军中校。1998 年转业到浙江省政协，历任专职秘书、副处长、文史委办主任兼文史编辑部总编、委员工委办主任、民宗委办主任、副厅级巡视员等，其间兼任浙江树人大学董事会秘书 8 年，2018 年退休。现为中华诗词学会理事、乡村工委副主任、浙江省诗词与楹联学会副会长兼秘书长。曾主编《浙江名人故居》《温州民营经济的兴起与发展》，参编《浙江省政协志》等。

方向、办学规模、办学经费等一系列大事摆在眼前，需要谋划。树大的创办起始于当年四位省政协常委联名提交的关于创办一所民办大学的倡议书，并得到时任省政协主席王家扬的大力支持，一路走来"学校办学经费自筹"。现在要与几所公办学校联合，各项工作千头万绪，需要尽快厘清各种矛盾，克服不少困难。2000年3月，四校联合（省电子学校、省轻工学校、省外贸学校加入）；4月底树大新的党政领导班子上任；7月在宁波象山举行首期学校中层干部研讨班，提出"上规模、上层次、上水平"的近期目标和建成全国一流民办大学的远期目标，为办成万人大学开始寻求新的校园（见省政协《联谊报》2001年5月31日一版图片报道，本人摄影）。同年，省政府授予树大"省优秀民办学校"光荣称号。2001年5月，《浙江树人大学学报》创刊；6月五校联合（浙江勘察工程学校加入），同时召开首届师资工作会议，确定六个专业升本；9月原广电高专校区协议购换，年底在首届教职工代表大会上确定了学校十年规划和四年计划。2002年提出了"崇德重智、树人为本"的理念，进一步明确了办学方向。新树大在克服各种困难中前进，经过几年努力，于2003年4月成功升格为本科院校（教育部教发函[2003]132号）。2004年9月8日，时任浙江省委书记的习近平同志视察树人大学，看望教师，给师生员工以莫大的鼓舞。

在树大成立20周年的时候，有人提出：民办高校难，但树大为什么能行？我的笔记本上记过这样几句话：名人办学、专家治校、社会支持、政府扶助、面向市场、抢占先机、自力更生。而各方面归结起来大致三条：一是领导体制特殊，唯才不唯财。在当时民办学校里，可能只有树大董事会成员不取报酬，只作奉献。校领导班子成员不攀比待遇，重在贡献。二是办学理念明确，崇德重智、树人为本。学校始终围绕社会需要、市场需求设置专业，培养学生扎实的专业技能。三是机构设置少而精，师资建设培养、聘用、引进、调整相结合，人员一职多任、一职多责。四是以世界的眼光办学，对外交流通畅。记得省政协《联谊报》还整版发表过的《浙江第一所民办本科院校浙江树人大学发展纪实》提到，树大不仅与我国台湾、香港、澳门地区，还与美国、加拿大、英国、日本、韩国等十几所大学建立了长期稳定的友好合作关系。

得益于这种友好合作，我也有幸以树人大学董事会秘书的身份，随以文韶同志为团长的树人大学考察团赴香港、澳门地区和韩国学习考察。我事前联系在香港的省政协委员、省香港同乡会联合会名誉会长车越乔先生，请车先生帮助联系查济民先生的儿子查懋诚先生、王宽诚先生的侄儿王明远先生，并与先前联系过的树大名誉董事、香港树仁学院胡鸿烈校长打招呼。文韶同志兼任浙江树人大学暨王宽诚教育基金会会长，这个基金会成立于1992年5月，200多万人民币的主要出资人是王宽诚先生，所以在香港我们拜访了王宽诚先生的后人。我们还看望了为树大捐款100万美元建造第一座教学大楼的查济民先生的后人。重点是先后在香港公开大学、中文大学和澳门亚洲公开大学学习考察。在香港中文大学，我第一次见到机器人，它迎面而来欢迎我们。我们就实用专业、远程多媒体教学、学位教育、成人教育、合作办学等问题进行了广泛深入交流。记得文韶同志对多媒体教学问得很仔细，并说搞一点有趣的东西，这样的模式我支持。在澳门期间，还有幸出席了贺一诚先生的家宴，时任省政协港澳台侨委副主任的贺定一女士热情招待我们。同时，我们也邀请港澳两地的朋友们来内地参加树大20周年校庆活动。中华优秀传统文化对周边国家的影响很大，韩国大佛大学接待我们的李升勋副校长听得懂中文，不会说但会写，谈到某个话题，他就写出一首中国古诗词来。我还清楚记得说到西湖的时候，他很快递给我一张小纸条，上面工工整整地用中文繁体字写着白居易的《春题湖上》：湖上春来似画图，乱峰围绕水平铺。松排山面千重翠，月点波心一颗珠。碧毯线头抽早稻，青罗裙带展新蒲。

未能抛得杭州去，一半勾留是此湖。后来还写了李白的《月下独酌》等好几首，成了我的珍藏。重要的是，双方签订了《关于中国浙江树人大学与韩国大佛大学近两年合作的具体项目的备忘录》，一共六项，其中有"为了帮助浙江树人大学教师提高教学水平，双方商定，在浙江树人大学由双方联合举办研究生课程进修班，目前开始阶段暂开设经济管理专业和教育管理专业，每个专业招收 20～30 人，由大佛大学提供课程教学计划、教材和培养方案，并选派相关教师来浙江树人大学任教。日常管理和组织由浙江树人大学承担"等等，有很详细的可操作内容。

树大有一些全省高校首创的专业，比如国际经济与贸易专业、家政学专业，之后还有茶文化、服务贸易也是比较有特色的。记得 2006 年初，我参加省委党校处级干部培训班学习，结业提交的论文就与服务贸易有关，这得益于有机会读到树大的一些著作。树大更有一支素质优良、创新合作、充满活力的师资队伍，特别是校领导带头示范作用显著。

那是 2003 年初，时任省政协常委、科教委员会主任的梁树德同志，对于退下来是去原单位的校企，还是到树大，在我办公室有过一番讨论。尽管企业报酬高，但最后情系教育事业的梁树德同志还是决定到树大，一心扑在树大党委书记岗位上许多年，特别是在营造积极向上、和谐发展的校园文化建设上作出了重要贡献。校长朱玉教授在树大时间更久，《树人实践》《树人为本》《树人探究》系列专著，记录了他倡导高等教育大众化、专业化、国际化的战略思维，践行"崇德重智、树人为本"的办学思想，落实"工作、学习、研究"三结合的治校方法，为树人大学较早"升本"，走出了一条民办高校特色发展之路。朱校长亲笔题赠的三本著作，至今还珍藏在我的书柜里，今天我又找出来，《树人为本》第 49 页上写着，"'升本'成功是树大发展进程中的重大转折"，我们都见证了这段历史。

让人更难忘的是副校长冯茹尔教授，她和她的丈夫周虞康先生都为树大的建设和发展呕心沥血。冯茹尔教授早在 1993 年就受聘担任树大校长助理兼成教学院院长；1998 年担任副校长分管教学工作，为了进一步规范教学管理，提高教学质量，她倡导学校建立了两周一次的教学工作例会制度，专题研究教学工作中存在的问题，部署教学工作的对策。在她的牵线搭桥下，成教学院与临海市政府共同举办了环境与艺术设计专业的"临海班"，为临海市培养专门的建筑与装饰人才，既发挥了学校服务社会的功能，又在一定程度上增加了学校的收入。周虞康先生更早，在树大初创时期就关心参与，曾担任第三、四届树大董事会董事，并多次向树大捐款。2001 年，冯教授退休，但次年无情的病魔就夺走了冯教授的生命。在弥留之际，她同家人商量，作出了一个重大决策，将自己毕生的积蓄与资产在浙江树人大学设立"冯茹尔奖学金"，每年不少于 25 万元用于奖励成绩优异或在某一方面有特别才艺的学生。在周虞康先生和两位女儿的支持下，2002 年秋天，"冯茹尔奖学金"签字仪式在上海瑞金医院举行。这个普通的签字仪式具有特殊的意义，因为它凝聚着一位从教 40 年的老教授对教育事业毕生的追求和永恒的爱恋。此后，周虞康先生除了继续关心支持树大外，还筹办"周氏教育基金会"，参与在安吉县筹建同济大学浙江学院等。

我还清楚地记得，20 多年前，现任树大党委书记章清教授意气风发地来省政协看望文韶同志，因为他刚从文韶同志早年担任过领导的台州地委所在地临海挂职副市长回来。这是我们第一次见面，在我办公室里，他谈到了自己也在为未来的去向作选择，下派挂职前他是浙江医科大学校团委书记、党委学工部副部长，挂职结束回来，浙医大已经并入浙大了。最终他选择到浙江树人大学。树大是一所归类为民办的大学，章清教授当年是需要勇气和对民办教育发展看好的眼光的。他担任树大党委副书记 10 多年，升任党委书记

情系树人

也已经 10 年了，树大在章清教授等专家治校的氛围里已经成为全国民办教育的样板。近日翻阅保存的几张树人大学报，第 164 期上刊登了章书记一篇文章《"树人"文化——校园文化创新的着力点》，文章谈到 2002 年学校提出的"崇德重智、树人为本"理念现已深入人心。文章还提出要打造树人品牌，一是形象品牌：从社会上看，说起某项东西的时候能想到树大，从学校内部看，一说起树大，能说出标志性的语言；二是教师的品牌：在教学、科研、管理上都要有代表性的人物；三是学科的品牌：要在今后的发展中，使树大的学科在学界具有不断提高的话语权；四是专业品牌：在建设专业的过程中，要注重特色、特长和特性，力推特色的专业和特色的培养模式；五是学生品牌：既要注重在读优秀学生标杆的树立，也要重视校友资源的利用开发。我也自以为是树大校友，并以此为荣。

我还要特别感谢树大发起人之一，历任学校常务董事、常务副校长、董事会秘书长、党委书记、纪委书记的冯孝善同志，是他亲自把学校聘任我为董事会秘书的大红证书送到省政协来。其实我是有愧于这个身份的，我本来就是文韬同志秘书，理所当然应该为树大服务，而树大却给了我学习的机会。由于文韬同志还兼任省政协《联谊报》报社社长，让我得以省政协《联谊报》为剖析对象，写了一篇题为"略论报业的经营策略"的文章，刊登在《浙江树人大学学报》2003 年第三期上，当年人大报刊复印资料《新闻与传播》2003 年第 8 期全文转载了这篇文章，据说也是为树大影响力作了贡献。2011年 3 月在《浙江树人大学学报》创刊十周年之际，由浙江大学出版社出版的《十年树木——浙江树人大学学报论文精选》也收录了该文。2005 年夏天，我已经不再担任文韬同志秘书，但树大董事会和学校领导还聘我为董秘，这也是对我的肯定和信任，我也在 10 年间与树大各位领导和不少中层干部结下了深厚友谊。

此后，我每年都为树大招生做不同角度的宣传，也介绍熟人朋友的孩子报考树大，尽管 2008 年之后我不再任董秘了。树大有事与相关厅局或省府机关联系，我也时常帮忙，特别是树大升本后，寻找新校区上规模一直是一个难题，我也用心用力，比如当年去桐庐县洽谈，先是拟在桐江职业技术学校基础上举办浙江树人大学桐庐校区，由树大、桐庐县政府、县政协三方协议举办；后来又扩展另选校址，我以政协机关干部的身份把宁波万里学院在鄞县（今鄞州区）办学的情况，介绍给分管教育的时任桐庐县委常委、宣传部部长吴同志，当夜她就报告了县委书记，书记拍板请常务副县长等带了几个地块上门，到树大舟山东路校区介绍用地情况，请树大领导挑选。我还通过温州市政协委员工作委员会联系落实了投资支持树大建设新校区的政协委员，尽管后续没有走到底，但也为建设树大杨汛桥校区积累了经验。树大杨汛桥校区建设得非常靓丽，我有幸多次陪同省政协委员考察、和省政协老干部一起来参观。2023 年 3 月 28 日还有幸陪同省政协原港澳委员、香港慧峰集团董事局主席，也是文韶同志的老朋友倪海鹰先生到访树人，见到了新任校长李鲁同志。其实大家都是老朋友，也是文韶同志的老部下，都带着一份树大情谊。

谨以此文，祝贺浙江树人大学建校 40 周年。

2024 年 7 月写于知新斋

第二篇

树人之约

桃李九州，凌虚天地由心阔
春晖四方，驰纵风云向日浮

　　似乎只是一眨眼之间，40个春秋已然逝去；似乎只是一个转身之际，40年光阴已经走远。然而，在树大的创业者和建设者眼里，那些逝去和远去的人和事依然那么清晰、那么真切地留存在记忆中，铭刻在心底里，只需轻轻地一触，便可以鲜活地再现。一颗素心、一片丹心、一腔热血、一往情深、一门心思、一如既往……一段段回忆承载着树大的历史和成长，满载着他们对树大的深情和期许。听听，其中是否有你回荡在校园的琅琅读书声；看看，里面是否有我穿梭在校园的飒飒青春身影……

一颗素心为育人

——第四届董事长陈法文访谈录

【人物名片】

陈法文，男，生于 1930 年，浙江乐清人。1948 年加入中国共产党，曾任浙南游击纵队司令部警卫队指导员。新中国成立后，先后担任杭州利群烟厂党总支书记、中共浙江省委办公厅工业办公室副主任、省委办公厅主任、省委副秘书长、省委副书记兼省纪委书记，浙江省委常委、省纪委书记、中纪委委员等职。1994 年 2 月 21 日，经浙江树人大学第三届董事会第一次会议选举，当选为学校董事、常务董事、学校副董事长，并任浙江树人大学兼王宽诚教育基金（委员）会委员、浙江树人大学发展委员会委员。1998 年 8 月 21 日，在学校第四届一次董事会会议上当选为第四届董事长。2000—2012 年，担任学校董事会特聘顾问，并任顾问组组长。

采访时间：2021 年 10 月 15 日上午

地　　点：杭州紫金雅苑陈法文同志家中

访 谈 人：宋　斌

宋：陈老好！您是我一直敬重的老领导，感谢您为浙江树人大学发展所作出的贡献。您作为一位省领导，退休后一定有很多单位高薪聘请您指导工作，您为什么选择到浙江树人大学而且还是不计报酬？

陈：我是 1991 年从省纪委书记任上退下来的，1993 年到省政协当副主席。在此之前，我只是听说过王老（王家扬）和省政协创办了树大，但不了解学校的具体情况。到了省政协后，王老希望我多关心树大的工作。

1983 年，我任省委副书记搞机构改革时，对人才紧缺的问题感受很深。20 世纪 80 年代，各地的改革开放和乡镇企业迅速发展，特别是杭嘉湖、温州、台州等平原地区发展很快，但是山区发展相对滞后，主要是缺人才。那个时候，县一级的领导干部，很多都是浙江农业大学、杭州大学毕业的，所以我们深深地感到培养人才的重要。我到省政协以后，王老就找我，把办好树大的任务交给我。对于这个任务，我是欣然接受的。办大学是为国家培养人才，我认为是一件很有意义的事情。

宋：您担任学校董事长后，对学校办学提出了哪些指导理念？

陈：那个时候我们办树大的指导思想就是培养应用型人才，主要是为我省的经济社会发展服务。记得当时我们在天台、丽水建了人才培养基地，探索人才培养的具体经验。这个指导思想，我看树大是一直坚持下来的。我经常在看你们寄给我的《树大工作》和《校情动态》，你们先建了行业学院，现在又在搞产业学院，这方面的工作做得不错。如果我们培养的人才是受社会欢迎的、是企业需要的，那学校的声誉就高了。我觉得这是我们办学成功的一条经验。

宋：您觉得办好树大还有哪些经验呢？

陈：如何筹集学校的办学资金，这也是一个很重要的课题。刚开始办树大时，没有经费来源，主要是靠收学费，但学费收入有限。学校要建校园、要发展都要钱。当时我们向省财政厅申请支持，说明我们学校培养出来的人才都留在浙江，是为浙江所用的，后来省财政支持了一点。

宋：您还担任过王宽诚基金会的委员，管理过基金会，早期基金会是如何建立和运行的呢？

陈：当时我们办学，既靠自力更生，也依靠省政协的力量到处去筹集。省政协有个优势，那就是广泛联系社会各界和港澳台的人士。学校早期办学很大程度上依靠这些方面的力量。募集来的资金进入基金会，当时基金会的主要任务就是具体负责筹措办学基金和监督学校资金的使用及管理工作。在我担任董事长之前，学校由香港浙籍同胞查济民先生捐建了教学大楼。后来澳门爱国华侨贺田先生（现澳门特区行政长官贺一诚之父）捐资建设了学校的图书馆。当时王宽诚基金会资金的主要来源是王宽诚先生的亲属和挚友的资助，也有其他社会人士的资助。我们的经费支出有严格的管理，确保每分钱都花在刀刃上。从总体上看，当时的办学经费是很紧张的。

宋：是的，"艰苦创业、务实创新、敬业奉献"是历代树大人的精神财富，今天我们也一定会沿着这条路走下去，这是学校生存和发展的法宝。当时学校的内部管理情况如何？

陈：我担任学校董事长时，学校的规模还不大，校址在舟山东路，大约20多亩土地的范围。我记得当时冯孝善同志管行政，他工作很稳，管得也比较细。有一个女同志（插话：冯茹尔副校长）管教学，我对她印象很好，她工作很认真，跟她接触过的老师学生都觉得她非常好。朱玉同志原来是浙江师范大学的校长，他对教育工作比较熟悉，办学校也比较有经验。那个时候我管干部，所以比较了解他。朱玉同志从浙江师范大学党委书记的岗位上刚退下来，我就邀请他到树大来工作。他在树大工作了10年，为树大做了很多工作，有很大贡献。他对树大的感情也很深，来到学校后，就考虑怎么来发挥大家的力量。其实在原来朱校长没来以前，树大规模比较小，制度建设可能不太重视，后来发展起来了，加强制度建设方面就很重要。当时我们办学自己力量很有限，主要靠浙大、杭大、农大的许多教授，他们确实有奉献精神，那个时候给他们的工资也很低，有的讲课甚至是义务的，我们不能忘记他们。还有毛树坚同志，也为树大的发展做了大量工作，我建议你们也要采访他。

宋：是的，我们的采访计划中还有毛树坚校长和其他一些老教授，因为有了他们的付出，学校才会有今天的发展。另外，因为要采访您，我也稍微了解了一下学校发展的历史，应该说，树大的发展，离不开省委、省政府的领导和支持。省委在1997年6月18日召开专题会议，听取和研究学校的工作和发展。请您介绍一下当时学校发展中遇到哪些问题然后通过省委得到了解决。

陈：对这个会议的印象我不是很深了，只能记得大致情况。在这次会议上，王老就树大的发展概况和办学管理体制等有关问题作了汇报，我印象最深的是这次会议同意建立中共浙江树人大学委员会，树大党务工作和思想政治工作由省委教育工委负责管理，办学经费以学校自筹为主，政府给予适当的补助。

宋：是的，因为时间过去了20多年，其间四校联合、五校合并，有些历史资料已找不到了，包括王老在这个省委专题会议上的汇报稿，我们在学校的档案馆也没有找到。但是，我们找到了这次省委专题会议的纪要。这次会议议定了六个方面的问题。一是树人大学民办性质不变，学校仍由省政协领导，有关教学、行政管理（即招生、专业设置、教学质量评估、毕业文凭核发、教师职称评审和学校对外文化交流）等方面的日常工作，由省教委负责。二是学校仍实行董事会领导下的校长负责制和教师聘任制。校长由省委教育工委负责考察推荐，并征得省政协同意后，由校董事会聘任，专（兼）职教师由校长聘任。校董事会应坚持精干的原则，换届时对下一届校董事会的结构拟作适当调整。要把热心于教育事业的社会著名人士、企业家和有关部门的领导吸收到校董事会来，董事会人数以15人为宜。同时，还可聘请若干著名学者担任顾问。三是为加强党对学校工作的领导，同意建立中共浙江树人大学委员会，学校党委人选由学校负责推荐，报省委教育工委批准。学校党务工作和思想政治工作由省委教育工委负责管理。四是办学经费以学校自筹为主，省政府给予适当的补助。省政府目前每年安排给树人大学的补助经费不减，并视需要和可能尽量给予更多的支持。学校要采取多渠道筹措资金的办法，通过与企业挂钩进行联合与合作办学，争取社会各界、境外友好人士的捐赠等多种形式筹措办学经费。五是民办高等学校的收费标准可适当放宽，具体收费标准由该校提出方案，报省教委、物价局、财政厅审核，并经省政府批准后执行。六是树人大学要在现有办学基础上，继续努力发挥民办高校的优势，办出自己的特色和水平。省教委在总结该校办学经验的基础上，进一步加强对树大工作的指导、支持和帮助。

看到这个会议纪要时，我的第一感受是省委用一次专题会议来研究一个民办高校的生存与发展，充分说明我们浙江的领导非常重视民办教育。

陈：是的。我们一直感到浙江人才奇缺。我们浙江经济社会发展比较快，经济社会的发展要靠人才。就像开一个厂，光靠厂长怎么行？要靠多方面的人才。20世纪80年代，浙江乡镇企业发展得比较快，县域经济发展得也比较快，人才的需求量大，浙江的小青年学习好。1982年，我国自上而下地展开了各级机构改革，那个时候叫作革命化、年轻化、知识化、专业化，这是小平同志、陈云同志积极提倡的，他们还强调培养青年干部。特别是党的十一届三中全会以后，经济发展了，特别像浙江经济这么发达，高校太少，省委、省政府就特别重视教育。树大的发展还得到周边村里的支持。办大学除师资外，还有一个就是硬件设施，要造房子，造房子就要有土地，老树大周边的村子对我们支持很大，要感谢他们。

宋：树大的发展得益于省委、省政府的重视，得益于省政协的领导，得益于老领导的倾情教育，得益于社会各界的支持。您对学校未来有什么期望吗？

陈：学校原来准备到桐庐建新校区，结果未实现。后来在杨汛桥建校区，这对树大的发展很重要。以前我们说树大在评估时，因为拱宸桥面积小，不达标、不合格，当时校园用地只有400多亩，达不到办大学的标准。在杨汛桥，校园面积就达到了，这对树大的发展很重要。我在新校区一期建好后曾经去过一次，不过当时还未完全启用，现在听说二期也建好了，学校办学的硬件更好了。我希望学校不光硬件上去了，办学的实力更要再上一层楼，要努力提高办学质量和教育水平，继续为经济社会发展培养更多更好的人才。

宋：好的，谢谢董事长！感谢您为学校发展所作的贡献，感谢您一直关心支持学校的发展，期待您方便时再到学校去指导工作，去杨汛桥校区走走看看。

陈法文同志（右）接受采访

情系树人

一脉相承薪火传

——第五届董事长陈文韶访谈录

【人物名片】

陈文韶，男，1937 年 8 月生，浙江永康人。1956 年 9 月加入中国共产党，1960 年 5 月毕业于杭州大学政治系，后被选调到浙江省委办公厅工作。曾任中共台州地委常委、办公室主任，中共金华地委副书记兼任衢州市委（县级市）书记，衢州（地级市）市委书记，浙江省委高教工委书记，浙江省教委主任，浙江省政协副主席兼秘书长等职。2000—2004 年，担任浙江树人大学第五届董事会董事长。

采访时间：2023 年 3 月 28 日

地　　点：杨汛桥校区融媒体中心

访 谈 人：宋　斌

宋：陈主席好！感谢您接受我的访谈。刚才章清书记陪同您参观了学校杨汛桥校区，能谈谈您的感受吗？

陈：感谢章书记邀请我来学校走走看看。刚才我看了学校的新校区风貌，看到春意盎然的校园，学校很大，学生也很多，我很高兴。2000年，我担任董事长时，学校还很小，校园面积只有40多亩，在校生只有千余人。今天我看了杨汛桥校区，图书馆很大，环境很好，在图书馆学习的孩子也很多，反映出学风很好。学生宿舍条件也很好，书院文化搞得不错，让学生感觉到了温馨。总的来说，学校发展到现在这样的规模，很不容易，也很好，这是大家努力的结果。我为学校取得的成就感到高兴。这也是王老和历代树大人所希望的。

宋：您担任省政协副主席后，政协的工作任务本身也很多，但当时为什么会担任浙江树人大学董事会董事长的呢？

陈：1998年1月，我从浙江省教委到省政协工作，王家扬主席多次找我，说：你是从省教委过来的，对教育工作熟悉，目前浙江树人大学的发展很需要有更年轻的力量、熟悉教育的领导和专家来支持。树人大学是省政协办的学校，你现在是省政协副主席，又懂教育，交给你来担任董事长，我很放心，你一定能把学校办好。当时王老已有80岁，他心系树大的发展，让我很感动。2000年，学校发展步入关键时期，我决定接受这个任务，出任学校董事会董事长。

宋：2000年原浙江树人大学与周边三所中专联合组建新的树人大学，

2001 年浙江勘察工程学校也并入，开创了民办学校联合公办学校的新模式，也是学校办学上规模的关键性环节，为学校上层次上水平打下了基础。您是这项工作的直接推动者，请您介绍一下当时为什么要联合？

陈：1999 年 1 月 22 日，王家扬同志给时任浙江省委书记张德江、省长柴松岳写信，提出《关于加快发展高等职业教育的建议》，他讲道：改革开放 20 年来，我省高等教育有了较大的发展，但仍不能适应社会、经济快速发展的需要，尤其是第一线职业岗位实用型和技能型的高级人才不足。加快发展我省高等职业教育，应成为科教兴省迫切而重要的任务。发展高等职业教育需要有较大的投资，完全靠政府投入有一定的困难，应建立政府和社会力量以及社区代理人办学的机制，这样可能会达到快、省、好地发展高等职业教育的目的。省政协创办的树人大学，侧重于应用型的高等专科教育，10 多年来，历届毕业生在各个工作岗位上的适应能力较好，得到社会的好评。对于与我们学校同在舟山东路陆续建立的 13 所学校，他建议由省教委牵头通盘研究舟山东路 13 所学校体制改革的问题，联合将其办成一所高等职业大学，并作为建立我省具有较大规模、较高水平的高等职业大学的试点。家扬同志的建议得到省委、省政府的高度重视，德江书记批示：建议很好，值得重视，请省教委调研并提出具体意见。

1999 年 8 月 31 日上午，柴松岳省长、鲁松庭副省长率省政府办公厅、省教委、省计经委、省财政厅的同志实地考察学校，听取有关工作汇报，并提出我校与省电子工业学校、轻工业学校及外贸学校联合，条件是具备的，可考虑混合股份的联合方式。当时，柴省长称赞我校在社会力量办学方面走在前头，办学方针和思路很好，为高校改革作出了有益的探索，创出了一条新路子。学校的办学精神值得发扬光大，要很好地总结办学经验。他特别强调学校要在现在的基础上认真贯彻好两个"继续"：继续坚持以市场取向作为办学的方针；继续坚持高质量办学，培养德、智、体、美全面发展的高素质人才，把学校办成全国一流的民办大学。

1999年12月29日，在条件基本成熟后，省教委、省计经委、省财政厅、省政协办公厅、省对外贸易合作厅、省轻纺集团、电子工业局联合向省政府提交了《关于浙江树人大学、浙江省电子工业学校、浙江省轻工业学校和浙江省对外经济贸易学校四校联合组建新的浙江树人大学的请示》，2000年3月14日，省政府作出《关于浙江树人大学与浙江省电子工业学校等3所中专联合组建新的浙江树人大学的批示》，同意四校以资产为纽带，按股份制形式联合组建新的浙江树人大学，实行统一领导、统一建设、统一管理。2001年6月，浙江勘察工程学校也并入，实现了五校联合。

省政府的批示下来一个月后，也就是2000年4月，学校召开董事会，选举我担任学校董事长。如何顺利完成四校联合的工作，成为我担任董事长后要完成的第一项大工作。

宋：四所分属于不同主管部门、不同管理体制的学校联合，涉及人财物等诸多事宜，如何才能快速平稳地实现联合？您当时主要采取了哪些措施？

陈：我原来担任省教委主任，对树人大学和要联合的几所中专学校都很熟悉。当时对我校来说，已经到了一个很关键的时期，办学的空间不拓展，办学层次不提高，学校会相对落后。为加快推进联合工作，我当时提出了几点意见：一是抓紧组建中层班子，校级职能部门要体现民办高校的特点，小而精，教学单位根据专业情况要成立几个学院或系、中专部；二是做好人事调配，机构、人事定好后，着手安排原中专学校的教师，哪些适合教大专、哪些保留中专部教学、哪些通过短期培训可以上岗的安排适当培训，以尽快适应高等教育的需要；三是校产评估，由省教委、国资局对原五校校产进行评估；四是切实抓好教学工作，原学校教学部门必须善始善终负责到底，不能因为联合办学而影响教学质量；五是搞好校园规划，有规划后再搞建设；六是切实做好思想政治工作，要求党政领导密切关注师生的思想动态，做好思想工作。特别是要进一步认识四校联合办学的意义，取得共识，顾全大局，为建设新树大献计献策、共同努力；工作上要服从统一调配，教职员工都要从工作需要出发，个人愿望可提，但最后要服从组织调配，相互学习，共同把新树大搞好。

明确了工作理念和要求，各学校的领导和教职工都服从大局，2000 年从 5 月 9 日开始，仅用 1 个多月时间，就完成了校领导班子的组建、机构的设置、中层干部的聘任，同时开展资产评估、校园规划等，当年的招生工作开展得也很顺利。9 月 8 日，我们顺利召开了新树大成立大会，标志着四校合并基本完成，学校在新世纪开局之年获得了一次宝贵的发展机会。

宋：感谢您谋划并全力推动抓好学校发展。新树大成立后，您当时对学校发展有什么期望呢？

陈：2000 年四校联合后，困扰学校多年的办学空间问题得到缓解。我就开始考虑学校如何更好地发展问题，特别是要明确我们的奋斗目标。2000 年 7 月，在学校中层干部研讨班上，我提出了奋斗目标，也就是办学定位。当时提出：学校远期要定位在全国一流的民办高校上。至于什么叫一流、哪些指标要上一流，需要大家认真研究并规划确定。光有远期目标还不行，我提出了近期目标，我称之为"三上"，上规模（三年内办成万人学校）、上层次（重点、热点是升格，上本科）、上水平（适应本科教育的水平）。在新树大成立大会上，我又强调了这一目标。

宋：您提出的"三上"近期目标很清晰，涵盖了规模、层次、水平，既有办学硬件的要求，也有办学软件的提升，更有办学实力的展示；既讲了办学的外延，更注重了办学的内涵，师生们一听就懂，一看就明白，该做什么也清楚了。

陈：2001年实现五校联合后，我们进一步明晰了"三上"目标，即学校的规模争取三年后在校学生上万人；2002年上半年申报开办本科，争取2003年获得批准，以后一定时间内，维持本、专科共存的过渡状态；提高教学质量为上水平的首要标志，加快建设一支专兼结合的师资队伍，用足民办学校的灵活机制。在董事会的主导和支持下，通过层层动员、反复酝酿、广泛征求意见，学校制订了校园总体规划、新的十年发展规划（2001—2010）和四年发展计划（2001—2004），学校发展的思路更为清晰了。

宋：学校校园面积和在校生规模扩大后，我了解到，您很重视学校的校园文化建设，并参与了校训、树大精神、校风、学风等校园精神文化提炼等工作。您是如何看待校园文化的？

陈：在过往的履历中，我曾经担任过浙江师范大学的党委书记，担任过省级教育行政部门的"一把手"，深深感受到学校的精神风貌如何，对学校发展很重要，好的校风和学风是软件。所以2002年8月15日在千岛湖中层干部研讨会上，我作了个简短发言，主要就是谈办学理念问题，具体地说就

情系树人

是学校的办学理念。学校的办学理念是要管长远的，是学校长远的价值取向。当时经过讨论，决定分为三个层次：校训、精神和目标。校训是"崇德重智，树人为本"，这也体现了学校的办学宗旨；树大精神为"艰苦创业、务实创新、敬业奉献"；教风是"敬业爱岗、严谨治学、教书育人、为人师表"；学风是"勤奋、守纪、友爱、活泼"。学校的目标是"上层次、上水平、创特色、争一流"，希望学校能形成一个良好的育人环境。

宋：为什么学校精神概括为三个方面呢？我看到 2002 年学校的目标也进行了调整，从"三上"调整为"两上"，加上"创特色、争一流"，是基于什么考虑作了这样的调整？

陈：我觉得"艰苦创业、务实创新、敬业奉献"这三个方面对一个学校来讲是最重要的。"艰苦创业"是一种工作上进取的精神，在新的历史条件下有新的含义，这是任何单位都需要的，特别是对我们这样的学校意义更大；"务实创新"就是要脚踏实地遵循事物发展的规律，要求扎扎实实创造性地开展工作；"敬业奉献"要求广大教职工忠于我们的教育事业，像红烛、春蚕一样，具有无私奉献的精神。我校从初创时无经费、无场地、无师资发展到现在的规模和水平，都是大家发扬了办学精神。至于说从"三上"改为"两上"，也是形势发展快所带来的。2000 年，我提出争取三年实现在校生超万人，事实上 2002 年在校生就超过万人了，在办学规模上已提前完成这一目标，所以我们进行了调整，在继续瞄准"上层次、上水平"目标的同时，聚焦"创特色、争一流"。事实上，如果没有特色，办学就没有吸引力，招不来好老师和好学生，办学层次和办学水平也上不去，所以我们更强调建设有特色的一流民办大学。

宋：是的，您这个观点在今天的学校发展中仍具有极强的指导意义。在强调文化建设的同时，我也了解到，在您任职期间，在校舍校园等办学基础硬件建设上花了大力气，特别是推动了浙江广播电视高等专科学校舟山东路校区划转至学校这一重要工作。我也想听听当时这项工作的推进情况。

陈：一定面积的办学空间和较好的教育环境，是学校上规模、上层次必要的基本条件，也是学校"升本"时接受上级考察评议的一个最基本的项目。尽管新树大成立后校园面积已是原来的几倍，但是对标本科办学的要求，还是有一定的差距。所以，如何再为学校发展拓展空间，是我们董事会一项很重要的任务。前面我讲过，我担任过省教委主任，对教育系统熟悉，我知道广专到下沙高教园区办学后，其舟山东路东端校区一直空着，还未利用。广专舟山东路校区校园面积有147.5亩，校舍2.7万平方米，与我校外经贸学院仅一墙之隔，与老树大也只隔着一条舟山东路，紧挨相邻，是学校拓宽校园的最理想的校园。为此，董事会多次向教育厅争取，并在教育厅的支持下，与广专几番洽谈，最终以补偿对方1.3亿元新校区建设资金的条件，签署了协议，并报经省教育厅、省政府批准，到2003年6月底时，该校园全部移交给我校。这样，我校校园占地面积达到480亩，校舍建筑面积21.4万平方米，升本的硬件条件基本满足了。

在这个过程中，我们也跟"二警校"（浙江公安高等专科学校）进行过接触。二警校的主管部门拟在杭州高教园区征地500亩新建校园，他们主动来与我校探讨在其上级决定迁校时现校园转让的问题。二警校的校园土地面积有70多亩，校舍建筑面积2万多平方米，与树大也是一墙之隔，同广专一样，处在我校拓宽校园很理想的位置。我当时对这个事情也是很关注的，可惜二警校后来没有搬迁，这件事情也就搁置了。

情系树人

宋：当时能在杭州市区有近 500 亩校园，已经是一件很不容易、很了不起的事情了，这使学校发展有了很好的基础，也为学校成功升本创造了条件。2003 年学校升本成功，标志着学校发展进入新的阶段。我们能在 2003 年升本成功，您觉得有哪些成功的经验呢？

陈：从新树大成立一开始，我们就确定了升本的目标。为什么要升本呢？也是基于当时的形势。一方面，校际争取生源的竞争日趋激烈，2001 年高校招生录取率已达到 68%，面临着民办学校之间、民办学校与公办学校之间激烈竞争的形势；另一方面，我省经济快速发展，对人才提出了更高的要求，人民收入提高，对接受高等教育层次的要求也在提高，专科院校已较难争取到优良的生源。如何在竞争中求生存、求发展，最重要的就是升本。通过升本的各项建设，可以全面改善办学条件，提高管理水平，保证教学质量，以质量取胜、信誉取胜、环境取胜，提高学校的知名度和竞争力。

在政府和社会各界的大力支持下，我校升本的申请于 2002 年 4 月由省政府函报教育部。2003 年 3 月 1 日，全国高校设置评议委员会四届一次全会在厦门召开，我校升格为本科院校的申请获得高票通过；4 月 16 日，教育部正式发文，我校正式成为民办普通本科院校。

在学校升本的过程中，由于教育部 2002 年重点考评范围安排在中西部，东部是否"开口子"，我校能否列入还是未知数，因此 2002 年时创造条件，力求主动，抓住机遇，争取我校的"升本"列入教育部 2002 年高校设置的考评范围并通过全国高校设置评委的评审，早日实现办学"上层次"的初步目标，成了这一年董事会和学校领导要抓的首要工作。

在这个过程中，学校终身名誉校长家扬先生心系"升本"，先后向教育厅领导和中央领导反映学校建设和发展成果，呼吁支持树大办学。我自己也多次到教育部汇报工作，争取对我校的支持。董事会特聘顾问组特意开会，并多次到学校听取有关情况介绍，参与有关活动，积极提出学校升本的建设性意见和建议。学校行政委派副校长徐绪卿等同志多次赴京，做好宣传和联络沟通工作。同时，学校内部加紧各项准备工作，抓紧完善有关设施和优化校园环境，加强师资队伍和校风建设，及时整理完成升本所需的档案材料等。所以，升本的圆满成功，是学校上下共同努力的结果，是社会各方面支持的结果。

宋：树大是一所依靠老领导、老教授和社会力量办学的民办高校，您是如何来统筹学校发展办学经费的？又如何发挥社会力量办学的优势？

陈：我校的办学资金主要来自学费，其次来自省财政拨款以及少量其他收入。对于民办高校来讲，财政是一项重要工作，特别是升本的各项建设全面展开后，对办学资金的需求大幅增加。记得朱玉校长向我报告：2001年全校资金支出总额已达1.5亿元，而当年学校总收入仅9304万元，缺口较大。在升本建设中，实验设备、图书以及师资队伍建设等费用从学校的公用经费份额中列支以外，广专校园补偿金和教学主楼、图书信息大楼、学生公寓等项目的基建工程款等预计要3.5亿元，这也是一大笔资金缺口，经济压力还是比较大。

我和董事会要求学校行政在理财中把握好"吃饭与建设""消费与积累"的关系，一保"吃饭"，二保"升本"，也就是保建设与发展，要集中财力办大事。所以董事会继续规定全校资金总收入按建设费、人头费、公用经费三大块切割后分别使用，根据年度工作重点作适度调整。大致上这三块的比例为2001年的25%、37.5%、37.5%，2002年的28%、36%、36%，2003年的 30%、35%、35%。

为填补建设资金的缺口，开拓筹措资金的渠道，董事会在校行政部门配合下，先后同工商银行、农业银行、市商业银行等多家银行洽谈，发展银校合作关系，争取贷款。作为民办学校，广泛争取社会办学资源，不断充实自身并不断发展壮大，这是一项长期性的任务，所以董事会支持学校与七古登村经济合作社联合建设学生公寓，改善办学条件。

同时，我也特别关注人的问题，所以我们聘请专家来校当领导，特别是聘请了原浙江大学党委书记梁树德来校担任党委书记，聘请原浙江师范大学党委书记、校长朱玉来校担任校长。后来考虑到学生管理和思想政治工作、本科教学等需要，在省教育工委的支持下，我们又增补了主管学生工作的党委副书记与教学副校长各 1 名，分别为原浙江医科大学团委书记兼学工部副部长章清同志，原浙江工业大学职教学院院长沈中伟同志。来自各公办高校的领导把一流大学和高水平办学的经验带到我校，使学校快速形成了规范办本科和高质量办学的理念和运行机制。

宋：是的，经费是学校生存发展的重要保证。但是我关注到在办学经费十分紧张的情况下，您非常重视实验室建设，2001 年就同意年度投入千万元用于实验室建设。您当时是如何看待这个问题的？

陈：要实现升本的目标，要提高教学质量，实验室建设不可或缺。在这个方面我有经验。新树大成立后，我也看到学校的实验室原有基础较薄弱，需要增加投入，加快建设，适应教学需要。所以 2001 年董事会就同意学校行政年度投入 1000 万元，在以后的两三年内再投入 2000 万元建设实验室。

宋：在财力十分紧张的情况下，能把年度总收入的 1/9 投入实验室建设，推动学校内涵建设，真的很了不起！

陈：在这个问题上，我和董事会以及学校行政班子的思想是统一的，不建不行。但是我对学校提出了要求：要以改革的思路建设实验室，其要点就是要提高实验设施、设备的利用率，充分发挥其效用，而且有利于实验室的管理和维护，避免各个院系各搞"小而全"，浪费资源、资金，管理维护条件也差。所以必须围绕"升本"专业，建设一些综合的、使用面积较广的实验室，要做好规划、采购、安装以及建立管理规章制度等各项工作。同时要求其他教学设施设备，如图书、体育设施等均应本着以上要求进行建设。

宋：您当时提出的先做好规划，建设综合的、适用面较广的实验室，避免"小而全"、各自为战的实验室建设理念，很有指导性，而且这一理念直到今天也具有重要的指导意义。感谢您！

陈：当时我们也特别注重改善教师的待遇，特别是在四校联合的初期，由于原四校间员工经济待遇很不平衡，改革学校内部分配制度成为联合后进行统一管理的重要课题。董事会在改革学校内部分配制度时，要求新制定的员工经济待遇标准，可参考政府制定的高校工资标准，可略高于公办高校的工资水平，并在总体上应不低于原先水平，还要有所提高。学校行政贯彻董事会的原则意见，并在制定分配制度的过程中，注意倾听员工意见，几经上下酝酿，提出了比较合适的方案，得到了教职工的认可，员工总体反应平和。

宋：从 2004 年到 2024 年，学校一直在不断发展中。学校升本后，在加快建设高质量本科教育体系的同时，又瞄准了申硕的新目标。2024 年学校将迎来建校 40 周年校庆，您对学校发展有什么期许？

陈：希望树人大学早日升硕成功，只要大家齐心协力，就一定能成功。申硕成功后，还要继续努力申博，不断提高办学质量，让学校真正成为一流的民办大学，努力为国家经济社会发展培养人才作出贡献。

陈文韶同志（右）接受采访

一往情深忆当年

——原副校长毛树坚教授访谈录

【人物名片】

毛树坚，1932年8月生，浙江桐乡人。1953年毕业于浙江师范学院生物系。曾任杭州大学生物研究所所长、生物系副主任、细胞生物学教授。历任中国人民政治协商会议浙江省委员会第四、五届委员，第六届常委，中国细胞生物学学会第二、三届理事会理事，中国显微与亚显微形态科学会第一、二届理事会理事，浙江省细胞生物学学会理事长。浙江树人大学四位建校发起人之一，1985年起先后担任浙江树人大学第一届至第三届董事会常务董事、第四届董事会董事，浙江树人大学副校长、副校长兼进修学院院长。

采访时间：2021年11月23日

地　　点：拱宸桥校区行政中心306接待室

访 谈 人：马顺林

情系树人

马：毛校长好！您作为创校的发起人之一，请您谈谈当时创办学校的原因是什么。

毛：最初创办浙江树人大学，主要是考虑到当时浙江省的高考录取分数很高，高考分数在其他省里甚至可以到一本线的，而在浙江省还不能被录取。另外是当年"四化"建设急需人才。所以，当时我们省政协的一批人，特别是在大学里工作的一些人就提出，由省政协出面办一所大学，这一建议得到了很多人的赞同。

那时，第五届省政协很重视高校知识分子，每年暑假都组织部分省政协常委、委员上莫干山学习，一边学习一边避暑，也邀请一些在高校工作出色的中年知识分子参加。15天左右轮流去一批，结束一批，再去一批。我那时是省政协兼职的副秘书长，作为副秘书长，一方面要做些会务等工作，另一方面我比较喜欢闲聊。在当年的人中，我相对比较年轻，我在学习当中就提出，浙江省的考分太高了，有的省份一本能录取的分数在我们浙江省还录取不了。所以是不是我们也做一些工作，如办个学校什么的。结果我一提出这个想法，很多人赞同。特别是家里有孩子没有考上大学的对此深有同感。我说我们政协是一个智库，高校里有这么多人，那时候政协委员中高校教师占了好多，后来因为经济发展了，经济界的委员才相对多起来。

那时每个大学都有很多省政协委员，我们杭大、浙大都各有二三十个。我说我们政协有这么多教育资源，可以考虑创办一所高校，大家纷纷表示赞同，很多人都说"如果需要的话，可以找我，我愿意帮忙免费出力"。当时政协联系我们的工作人员是姜其庚同志，我说老姜你去跟王老汇报一下。他后来跟我讲，他说他已经跟王老汇报过了，王老很赞同很支持，但是他说你光口头讲容易忘掉，你能不能写个书面材料？然后我就写了那个倡议。写好之后，我本来想请参加会议的 20 多位政协委员等签名，后来因为人多凑不齐，有的同志已提前下山回家。怎么办呢？我一看，我们政协有四个副秘书长：孙延年、倪保珊、冯孝善和我。按照传统习惯，当时写一个联名材料，签名时不能把起草者放在前面，我请倪保珊、孙延年、冯孝善先签字，我再签名，就这样我们四个人代表大家署了名。

马：为了创办学校，您和其他同志前期做了哪些准备？

毛：王老是思想比较开放的领导，能听得进意见。当年提出创办学校的建议后，他就在省政协主席会议里谈了这个问题，大家都表示同意。他让我们去周边省份考察民办大学的办学经验。

1984 年 8 月 17—24 日，由余从善同志带队考察。余从善原来是浙江医科大学党委书记，后来又做过省教育厅副厅长，当时是省政协常委。余从善是教育界的老同志，1949 年以前在皖南那边打过游击，所以对那边比较熟悉，在那边有许多故旧，所以王老叫他带队。当时同行的有我、省委统战部干部蔡钢和浙江丝绸工学院离休干部章官设。

余从善带队赴江苏南京和安徽合肥、蚌埠等地，参观了金陵职业大学、育才大学、合肥职业大学、合肥外专和蚌埠联合大学等，在南京拜访了离休干部朱刚同志。朱刚曾经是南京市委文教部副部长，他对办学非常积极，金陵职业大学和育才大学都是他一手创办的。苏皖两省考察的结论是：民办大学可以上，而且苏皖两省的同志鼓励我们快上，当年（1984 年）秋季就可以招生。

我把考察的结果、结论向王老作了详细的汇报。过了几天，王老通知由周春晖先生（省政协副主席）、倪保珊（省政协副秘书长）和我（省政协副秘书长）三人筹备学校，并且告诉我要拟一个董事会章程和学校章程。我通过杭大严春森先生的帮助，参考了之江大学的章程，拟了董事会章程和学校章程。后来，王老的秘书孟云生拿省人民政府的批复（草稿）给我看，他说批下来了，你看看这个批复怎么样？我看了后，提出要把"纳入省教育发展规划"写进学校创建批文。所以，后来我们的老师是有编制的，我们的学生毕业后跟公办学校的学生享受同等的待遇。有编制，为教师流动到其他公办学校提供了可能，提升了学校师资的吸引力。

马：毛校长，您还记得当时学校为何定名为"浙江树人大学"吗？

毛：说到校名，复杂得不得了。开始取名时，我们研究要有地域性，所以叫武林大学，因为杭州有个别名叫武林。武林大学批下来后，很多人一看这个名字觉得不好，武林给人的感觉是打拳的，武林大学容易被人误解为是一所武术学校。我们一听，觉得有道理，马上就讨论更改校名。

经讨论，由于我们是社会力量办学，所以叫社会大学，报告提交上去后，省人民政府也同意了。当时我们明确提出要办一个正规的大学，社会大学给人的感觉不是很正规。假设50年以后学校发展取得很好的成绩，100年以后建设成美国很多私立大学那样的名校，如果更名为浙江社会大学，似乎格调太低。因为在我们的常识中，一般未受正规教育的人在与人交谈中被问及"你上的是哪所大学？"时常自嘲"曾在社会大学毕业"。后来一讨论，大家都觉得社会大学这个校名的确也不恰当。

因此，我们发动了一次比较大规模的讨论，邀请了省市社会各界的人，有教育界的老师、民主党派人士等来参与讨论。讨论中提出的校名各式各样，最后选中两个校名：钱塘大学和树人大学。开始很多人都赞成钱塘大学，但是后来一讨论，有人发现问题了，学校名字总有个简称吧，钱塘大学简称"钱大"，就觉得"钱大"校名也不好，给人的感觉是"以钱为大"。"树人大学"是我提出来的，我说"百年树人"是教育之本，同时，树人是鲁迅先生的名字，他又是浙江人，也具有较好的地域性，所以我提出取校名为树人大学。后来我私下征求一些比较权威人士的意见，他们都赞成，因此，校名就这样定下来了。

马：毛校长，您知道我校校名是谁题写的吗？

毛：沙老（沙孟海）写的，但沙老没有专门为我们题过校名。

1987年，因为有查济民先生和王宽诚先生愿意出资捐赠学校，引出了王、周、倪和我四人的香港之行。省政协常委、香港《文汇报》前总编辑金尧如先生很积极地为我们穿针引线，由当时的香港宁波旅港同乡会、香港甬港联谊会两个单位出面邀请王老、周春晖校长、倪保珊和我去香港做客，并且由金尧如先生全程陪同我们拜访一些港澳知名人士。

我通过雷小云小姐认识了香港树仁学院的校监胡鸿烈大律师和校长钟期荣博士，因此，我们也访问了香港树仁学院。通过杭大历史系楼学礼先生的介绍，我们也拜访了金庸先生。

我们为这次香港之行做了些准备，带了些礼品。礼品有沙孟海的两幅字，知名画家陆抑非先生的一幅字，潘天寿先生的公子潘公凯先生画的十幅扇面，还有刘江先生的一幅字等其他书画礼品。每拜访一家我们就送一些礼品。因为我们的礼品都是送给浙江老乡的，所以沙老的两幅书法作品分别写的是"敬恭桑梓"和"谊切乡亲"。"敬恭桑梓"书法作品下面的落款"浙江树人大学奉赠"中的"浙江树人大学"这几个字，我一看写得比较好，很适合我们

情系树人

用来做校名的题名。虽然我们之前请了好几个人写了校名，但还是觉得沙老这几个字写得好，于是我就请办公室的同志把这幅字拍下来，从沙老这幅书法作品照片中剪来的"浙江树人大学"几个字就做了校名的题名。

马：毛校长，建校之初我们的师资主要从哪里来？

毛：主要是靠杭州的高校（浙大、杭大、杭电、浙工大等）的教师和其他一些单位的高级技术人员兼职。

办国际贸易专业时，我到一个个外贸公司去跑，那时的公司基本都是公立的、国有的，我去外贸公司考察，了解员工的相关情况，交谈中问他们的科长等干部是什么学校毕业的，发现他们很多是正规大学毕业，学过一些跟贸易有关的专业知识，我就把他们的名字一个个记下来，然后我就给他们做工作，邀请他们来校做兼职教师，这样子一个一个请进来，就办起国际贸易这个专业。

马：您能否举个例子说明创校之初条件之艰苦？

毛：王老说我们是从"三无"（无校址、无师资、无经费）学校开始办学的。创建之初，条件非常艰苦。那时候学校里没有汽车，寻找师资我都是骑着自行车一个个去跑。浙江省民盟机关有一辆汽车要报废了，这辆小汽车原本是每天接送倪保珊上下班用的，倪保珊是民盟浙江省专职副主委。后来他说他的汽车要报废了，要给他换一辆新车子。那我说你把车子留在学校，行不行？倪保珊说可以的，车子还可以用用，所以民盟的这辆旧车子送给了我们学校。由于没有驾驶员，省政协一个会计的弟弟没有工作，就叫他去学车，学了几个月后就来替我们开这辆车子。这辆车子太旧，坐上去非常不舒服。

马：您还记得学校最初的选址是在哪里吗？

毛：开始时是暂借杭州市文一街杭州电子工业学院内的跃进楼办学。为了选校址，我们四处奔走，最早想在杭州市青年路新华社后面基督教青年会的灯光球场建校，经协商，当时杭州市政府同意该场地给我们建校。我跟倪保珊先生两个人去拜访当时的杭州市副市长，教会财产一般不能动，但副市长说没问题，杭州市政府同意批给我们。后来，等了很久没有下文，为什么呢？因为青年会的资产不属于杭州市管辖，属于上海管。不过也还好没拿下来，否则那地方办学场地太小。后来才到了舟山东路，一步步走到今天。

马：毛校长，听说建校初期除了香港、澳门知名友好人士外，台湾地区的学校也资助过我校建设？

毛：台湾地区资助我校的主要是台北县私立树人高级女子家事商业职业学校的董事长王强华先生。我是通过女作家姚云认识王强华先生的。那时王强华先生来杭州住在黄龙饭店，我家刚好就住在黄龙饭店附近，我就经常去看他。有一次聊着聊着，他说把钱带来了，你拿去吧。我想有钱给我们学校总是好事，但由于是去闲聊，我也没带袋子或包，就临时找了几张旧报纸把钱包起来，18万美元，一大捧。他又给了我80美元，让我去以个人名义开一个外币账户。后来我觉得不妥，钱放在我个人账户上怕以后说不清楚。所以，我回学校以后把钱交给冯孝善和财务吕翠英。这笔钱用于学校建设，第一幢综合楼就命名为"强华楼"，也是对先生支持办学的感恩。

情系树人

马：毛校长，学校创办之初，专业设置和人才培养质量方面是怎么考虑的？

毛：一是英语（外贸）。当时浙江提出贸易立省的战略，民营企业已经蒸蒸日上。我们考虑，趁贸易立省的契机，办国际贸易专业。因为当时比较穷，民营企业、乡镇企业发展很快，生产出来的很多产品需要销往国外，当时国际贸易这个名字还没有，所以我们办一个英语系加一个括号（外贸），英语（外贸）这个专业实际上就是国际贸易专业，我们也可以称系，因为我们系是组织机构，专业才是真正的内容。

二是风景园林。鉴于当时杭州市宣布打造风景园林旅游城市，我们就相应地办了风景园林（规划设计）专业。

这两个专业都紧跟浙江经济社会发展需要，走在浙江省教育的前沿。办了这两个专业以后，我们接下去打算几年以内，慢慢地增加专业数量，计划每年增加 1—2 个。学校光是两个专业、两个系是肯定不行的。接下去办什么专业呢？我们办了旅游专业，后来真正办起来时称为旅游管理专业，主要是酒店管理方向。后来我们又办了家政学专业。

马：说到家政学，我们学校是 1949 年后全国首家正式招收具有大学学历的家政学学生的高校，而您是学校建家政学系的倡议者，也是直接参与策划筹建者之一，请问当时是基于什么样的原因或背景办这个专业的？

毛：我们考虑到将来社会发展了，民营企业发达了，肯定有一大批像邓小平同志讲的先富起来的人，所以从这一个角度讲，我们想办一个家政学专业，但我们当时对什么是家政学专业吃不准，不知道具体是做什么的。

我们调查了一下，了解了 1949 年以前的燕京大学、南京金陵女大等的教育学专业开设了哪些与家政有关的课程（也包括上海一些女中开设的家政方面的相关课程）。国际上家政学专业的发展我们也调查了解了一下，发现从 19 世纪 40 年代开始，在美国开始有家政方面的研究文章，到 19 世纪 60 年代，国外有些学校开设了家政教育类的课程。国外家政学专业的起因是财富多了，生活好了，需要把家庭生活过得更好，孩子教得更好，过上高质量的家庭生活，因此开始有了家政教育。20 世纪 90 年代初，我接待一个来校访问的美国纽约家政教育代表团时，曾问她们家政教育到底包括哪些东西。她们的回答是，家庭生活中所需要的一切知识和技能，包括礼仪等很多知识。所以在我的印象中，家政教育是培养学生以家庭为中心的知识和技能。后来家政教育的内涵和层次不断扩大，成为经济学、社会学等的重要组成部分，家政成为推动社会进步的重要力量。家政的范围，不再局限于学习家政教育方面的简单事情。

随着 20 世纪 90 年代社会发展欣欣向荣，社会财富不断积累，家庭生活需求也不断提升，因而我们提出办家政学专业。办一个新专业很不容易，教育厅审核较难。报上去后，省教育厅说家政学专业是什么我们也不知道，作为民办大学，你们可以去试探，可以去尝试，因而获得批准。

我当时提出无论男生还是女生，在我们学校学习了三年专科的家政学专业后，要有一技之长，要能够在社会上立足做一番事业，而不是没有工作的本领，成为"太太学"。所以，无论办什么专业，培养的学生都要有竞争力，要有一技之长。所以说，现在办家政学本科时要多加思考，多加实践，努力办好家政学专业。

马：2024 年就是学校办学 40 年了，您对学校未来发展有什么期待吗？

毛：希望学校还是要坚持特色发展，质量立校，建立一支高素质的师资和管理队伍，早日建成一所高水平的一流大学。

毛树坚教授在接受采访

一波三折创基业

——学校常务董事、副校长冯孝善访谈录

【人物名片】

冯孝善，1933 年 8 月生，浙江奉化人。1956 年毕业于复旦大学微生物专业。浙江农业大学教授、博士生导师。浙江树人大学四位建校发起人之一。从 1986 年起先后任浙江树人大学第一届至第六届董事会董事兼第二届至第五届董事会秘书长。1988 年 2 月起历任浙江树人大学常务副校长、副校长、党委书记、纪委书记。曾任省政协科技、教育委员会副主任、副秘书长、秘书长等职。

采访时间：2023 年 6 月 12 日

地　　点：华家池冯孝善教授家中

访 谈 人：马顺林

马：冯书记您好！记得您在树大建校十周年时写过一篇题为《树人生机活力之源泉》的文章，谈了您对学校快速发展原因的认识。现今学校已经走过了四十年历史，您认为学校充满生机活力的源泉有变化吗？

冯：浙江树人大学在创建之初的短短 10 年，在校无片瓦和固定资金来源的情况下，从开办两个专业起家，发展到 1994 年，已拥有校园 41 亩、校舍 1.3 万平方米、校产总值 2000 万元，基金总额 300 余万元；设有 4 个系、8 个专业，在校学生 1000 余名，为国家培养输送了近 700 名有较高质量的社会急需人才；还与境外有关学校建立了友好合作关系，展现了勃勃的生机和活力。

马：您觉得树人大学在建校初期取得成绩的原因有哪些？

冯：树大建校之初的 10 年充满生机活力，取得了很好的成绩！其主要原因，我想引用时任学校董事长兼校长的王家扬同志在一次董事会议上的工作回顾中说的话来概括："树大在困难中求生存，在改革中求发展，在奉献中存史册。"这三句话深刻概括了树大生机活力之源泉和树大取得成功的原因。这也是我 1984 年参与建校倡议，1988 年 2 月遵照六届浙江省政协党组的分工到学校担任日常管理工作以来，从校董事会和学校老一辈领导同志的办学思想、办学行动中和自己在树大长时间实际工作的体验中，感受特别深的几个方面。

首先是具有较强的改革精神。树大作为一所民办的全日制普通高等学校，本身就是贯彻党的十一届三中全会以来路线、方针、政策的产物。学校创建后，校董会始终将为改革开放服务、为经济建设培养急需人才，作为办学的根本目的，并写入董事会与学校的章程。在实际工作中，实行了一系列改革举措，如密切联系经济建设及社会发展的需要设置专业；学生自费上学，完成学业给予学历，不包工作分配，由社会择优录用；培养学生有宽广的专业知识面，注重实践，培养能力和勤工优绩的服务精神，学校视教学质量为生存发展的生命线，毕业生的专长与质量受到社会的青睐；对专、兼任教职工实行全员聘任制，以逐步优化队伍的素质；精简机构，提高办事效率，专任教职工一职多任，以减少冗员；学校不包办"社会"，使有限的人、财、物等资源集中使用等等，收到了积极的效应。树大培养的毕业生虽然质量较高，但培养每一名学生的年支出费用却比一般学校低得多。可以说，改革赋予了树大轻装、健步进取的生机和活力。

树大改革的精神还体现在坚持不懈的深化工作上。1991年以后，在邓小平同志"南方谈话"精神和党的十四大精神指引下，我国的改革开放进入了新的发展阶段。那时校董会充分认识到新的形势必然带动高校改革的深化，使教育适应和服务于社会主义市场经济的发展，为国家现代化建设多作贡献；必须认清形势，解放思想，转变观念，积极探索深化改革之路，使学校的建设和发展迈上新的台阶。在校董会的领导下，学校进一步发挥自主、灵活、有效的办学体制和管理上合理的竞争机制。从1992年起，在省党政领导的关怀及省市有关部门的支持下，先后增设了5个新专业，还开办了成人教育，改变了多年来只有3个专业、300多名学生的境况。学校规模日益扩大，效益有了提高，也为改善教育设施创造了条件。

其次是具有奉献精神。校董会制定的学校章程（修订草案）中开宗明义，明确树大的办学宗旨是："充分利用浙江的智力资源，并发挥本省同海内外人士具有较广泛联系的优势，争取社会各界、港澳同胞、台湾同胞、海外侨胞、国际友好人士的支持，发展教育事业，为抓紧当前有利时机，更快、更好地进行经济建设培养人才，为改革开放服务，为繁荣浙江、振兴中华服务。"

王老也说过："树大是一所真正的民办大学，人、财、物取之于社会，还之于社会。"可以认为，这种"取之于社会，还之于社会"的清廉自律的准则，是树大奉献精神的集中体现。实际上，树大从创建之初，一直是在经费紧缺的条件下通过精心操办来运行的，也就是在艰难的办学条件下，培养出了一定数量和较高质量的人才。

那时，树大上下凝聚了为事业而克己奉献的精神。校董会和学校行政的领导层，积月累年、长期不懈地为树大义务工作。可能很多人不知道，我们董事会成员和很多当时的校领导是不从树人大学拿工资的，也就是在树人大学的工作是无偿的或兼职的。他们原有的工作任务又相当繁重，怎样兼顾这两个方面（甚至几个方面）的工作呢？我想只能是增加自身的投入。工作时以高度的精力争效率，并利用业余时间与假日继续工作，尽力使本职和兼职任务两不误。还有多位离退休同志，他们为树大不图清闲、奉献余热，坚持常日工作，佐理校务。不少专职员工多年以来在工资不高、福利较差、机构精简、一人多任的条件下，坚守树大的岗位，恪尽职守，他们是完成学校各项任务的基干力量。许多兼课老师怀着对树大深厚的感情，辛勤耕耘多年。

再次是艰苦创业的精神。树大办学艰苦的状况，对有固定拨款和财力的公办、民办学校来说，是难以想象的。这里暂不一一细说诸如当初租借用房和利用兄弟学校惠赠的旧课桌椅等家具、教学设施不全、日常经费紧缺等等艰苦的物质条件；在管理上也机构精简、人手少，如聘请兼课老师，要尽可能让他们按照我校正常教学秩序的要求到校上课，以及使课堂与课后、各课程之间教学上的协调配合等方面所遇到的困难，也要比以专职教师为主体的学校大得多。还有，由于我国对民办学校的管理尚未建立一套完善的章法，以致申办一些事项往往比其他学校艰难，要多费周折。值得一提的是，作为民办学校，兼课酬金和专职员工的工资、福利等待遇，本来可以从优，可是为了使有限的资金优先用于教学，树大直接费用的开支中，"人头费"支出一直控制在学费等收入的 40% 左右，这样，教职工尤其是专职员工的待遇就受到影响，如学校未能提供家属宿舍，他们的医疗费用也需自理 30%。然而，广大师生员工面对各个方面的艰苦条件，无论是教与学两个方面，还是在管理上，都为保证教学质量与学校的生存、发展，不怕苦和累，意气风发，上下一致，发扬迎着困难上的艰苦创业精神，赢得了过去十年的成就。

树大的改革、奉献和艰苦创业精神，获得了各级党政领导、社会各界、境外爱国人士（如查济民、王宽诚、贺田、王强华等）以及国际友好人士丹下明月等的高度赞赏和热情支持。学校有今日，与他们的帮助和支持是分不开的。虽然树大当前申硕攻坚、提质升格面临的困难也不少，而且随着学校的进一步发展，所遇到的困难可能会更多、更大，但是我想只要我们的教职员工继续坚持发扬树大的这些精神，学校就能永葆生机和活力，就能在社会各界的支持下，在克服一个又一个困难中继续奋勇前进。

马：冯书记，请您谈谈当时学校毕业生的情况，可否举例说明？

冯：历届毕业生除了一部分出国留学深造的以外，大都直接就业。在我省一次面向全国招聘本专科学历以上外贸工作人员考试中，树大 41 名专科毕业生报考，22 人被录取；在省外办举行的一次招聘外经贸、外企工作人员的激烈竞争中，树大报考的学生在成绩前 5 名中占了 4 名；在绍兴市园林规划设计的众多投标者中，树大毕业生的方案中标。类似的例子很多。

马：冯书记，在建校初期，学校有哪些切实的举措以确保人才培养的质量？

冯：学校在创办初期就非常注重培养社会急需的复合型、应用型人才，并具有较好的服务精神与实际工作能力，以增强毕业生就业的适应能力。同时积极探索提高德育教育实效的改革路子，针对社会上一些不健康风气对青年的影响，1989年，学校在加强理想和纪律教育的基础上，充实了校风校纪和培养学生成为合格公民的教育内容，并落实相应措施，尽力使德育教育与专业教育两手一起抓、两手都要硬，从而使这两种教育都有了新的提高。树大毕业生不仅所学专业知识比较扎实，而且作风踏实肯干，能较快地顶上岗位，适应实际工作需要，得到不少用人单位的称赞，甚至出现了毕业班级学生还在实习便已被约聘完毕的可喜局面。

马：冯书记，我们虽然是民办学校，却一直坚持公益性办学，这是基于什么样的考虑？

冯：树人大学自创办以来，一直坚持公益性办学，这在每次决定学费的标准时就反映得十分明显。作为民办学校，收取高一点的学费，是会得到社会理解和支持的，但树大一直尽力控制收费标准，开始时每生每年只收300元，以后调整到每年1500元。董事会为减轻学生家长的负担，一再强调学校调整学费时，应掌握不高于或略低于其他学校的自费生收费标准。为此，树大一直从筹措不易的有限资金中拨补办学日常经费。在较长的一段时期，每年拨补的办学经费占了学费收入的50%。后来随着学校规模的扩大和效益的提高，虽然日常经费能够低水平自给，校董会还是尽力筹措财物，以改善办学设施和办学条件。

马：您在树大工作多年，树大给您留下印象最深的是什么？

冯：我从 1988 年到校担任校领导，直到 2003 年卸任，在树大担任校领导长达 15 年。现在虽然已经过去很多年了，但要说在树大工作期间给我印象最深的，还是教职工的那种奉献精神。那时，无论是专职教师还是兼职教师，都有较强的事业心，具有非常强的奉献精神。

马：刚刚您说的奉献精神确实对学校的发展非常重要，能否具体谈谈？

冯：校董会老一辈领导同志为树大操心操劳的奉献精神，如汤元炳名誉董事，他不顾年事已高，心系树大，由汤老多方引荐、争取，先后为树大筹集的办学资金达 620 余万元，为学校的创建和发展奠定了重要的物质基础。

还有就是王老（王家扬同志），他为树大鞠躬尽瘁的崇高精神，更是感人至深。他精心考虑办学方针并组织实施，从艰辛开拓渠道筹集办学资源到许多具体事情的亲力亲为，躬体劬劳地为树大奉献着一切。比如为选定校址与后来的增加征地，他老人家先后踏遍了德胜、古荡、上塘等多地的田埂、岔道，有一次到现场踏看时竟忘了已日过中天，耽误了午餐时间。1988 年，他把自己多年俭用积蓄的一万元人民币悉数捐赠给树大作奖学基金，此举还感动了他的子女和亲友，他们也先后为树大捐资赠物。1990 年，在烈日酷暑下，王老带领工作人员，送冷饮到查济民大厦工地慰问施工同志。从这些具体事例中，都可看出家扬同志为树大奉献的炽热之心，可以说，树大有了王老这样德高望重、事业心过人的董事长、校长，才有今天这样的业绩。

家扬同志以高度的事业心律己，也以高度的事业心诲人。我到树大工作之初，他对我的嘱咐就是：要把树大作为事业去办。话虽简单，却包含着深刻的内容。回想我自己参与树大的日常工作，自身谈不上有多高的心地境界，如果有点滴奉献，那也是王老当初的嘱咐经常策勉着我的结果。

情系树人

马：您对学校今后的发展有什么期待吗？

冯：如果说对学校今后的发展提希望的话，我希望树大教职工继续发扬树大精神，把学校建设得更好，争取早日建成真正的浙江树人大学！

冯孝善（左）与作者合影

一片丹心在树人

——第五任校长朱玉访谈录

【人物名片】

朱玉，1938年生，浙江磐安人。1956年考入杭州师专（浙江师范大学前身）数学系。担任过浙江师范大学书记、校长等职。曾任浙江省第八届政协常委、浙江省教育学会副会长。1993年起享受国务院政府特殊津贴。1999年5月始先后任浙江树人大学常务副校长、党委书记、校长。担任校长期间，他带领广大师生员工，始终践行"崇德重智、树人为本"的办学思想，落实"工作、学习、研究"三结合治校方法，使树人大学成为浙江最早、全国较早"升本"的民办高校，走出了一条民办高校特色发展之路。著有《树人实践》《树人为本》《树人探究》等记录树人发展的专著。

采访时间：2021 年 3 月 30 日

地　　点：拱宸桥校区行政中心 306 接待室

访 谈 人：陈乐敏

走马上任，第一步"认识"树大

陈：首先，非常感谢朱校长接受我们的采访！您原是公办学校的校长，来到树大后，感觉公办高校与民办高校最大的不同是什么？

朱：我是1999年5月来树大的。早在2月召开省政协会议期间，当时树大的董事长是陈法文书记，他的秘书来找我，希望我来树大工作。我当时还是浙江师范大学的校长，还没有退下来，我是省政协的常委，而树大是省政协主管的，当时缺个校长。我来校后才知道，原来有位校长，做了一段时间后离开了。

陈：所以他们在物色校长的人选。

朱：对，他们得知我将要从浙师大校长岗位上退下来，就推荐我过来当树大的校长。当时我并不了解这个学校，也没有马上答应，后来他们再三同我商量。当然还有一个客观原因，就是我的女儿在杭州，因此对我有一定的吸引力。浙师大许多同志不大希望我离开师大，因为我在浙师大40多年，一直在这个学校学习、工作、生活，对浙师大有非常深的感情。

来树大之前，我没有接触过民办学校，所以来了之后感觉差异还是比较大的。最大的一点是领导体制不一样，且机构十分精简。因为树大是董事会领导下的校长负责制，也就是说，校长与董事会的关系比较密切，尤其是董事长；而公办学校主要是党委领导下的校长负责制，主要是由政府管，所以跑教育厅的次数比较多。第二点是教师队伍的构成不同，这里的教师基本上都是兼职的；而公办学校基本上都是自己学校的老师。第三点是经费来源，树大的办学经费主要靠自筹，经费困难时需要自己想办法；而公办学校的经费来源主要靠政府拨款，经费有困难直接找政府。我刚来这里的时候，办学经费很少，各方面的开支都比较节俭，同周边几所中专相比，待遇差距还是比较大的。第四点是公办和民办的生源招生批次不一样，当时公办高校基本上是按国家计划录取的，像浙师大的生源，在 20 世纪 80 年代之后都是第一批录取的，生源比较好；而民办高校是在公办高校招好之后才招的，又是自费上学，所以生源也是有差异的。

陈：而且那个时候树大还是专科层次的。

朱：是的。从公办到民办，学校差距比较明显的就是一个大、一个小，浙师大的学校大，历史也比较久；树大这个地方范围很小，只有 40 多亩土地。但是，我在后来的工作中发现，民办这样的体制自主性比较强，很多事情学校都可以自主决定，只是要通过董事会，而公办学校办一些事则需要得到上级批准，有很多程序。而且当时民办学校的地位还不高，政府部门没有将民办学校放在一个应有的位置上。所以就当时的情况而言，公办学校与民办学校的差距还是比较大的。但是树大虽然是民办的，也有它的特殊性，因为它是 1984 年改革起步时创立的民办学校，而且一开始就是由省政协王老创办的，还有一些知名的教授，所以树大一直是政府特别是省主要领导比较重视的一所民办学校。

陈：那您刚来的时候是否会感觉有些不适应？

朱：应该还好，没有什么大的不适应。我到了之后，给自己定的第一个

情系树人

目标就是先要了解学校的一些情况。

陈：我看您在一本书里写道"这两个月来我对树大的认识"，一二三四五点，挺清晰的。

朱：第一，我有一个想法，我认为树大已存在了15年，必然有存在的规律，一定有它自身一些好的东西，我既然来到了树大，就需要了解这个学校的过去。第二，我在公办学校任职时间较长，很容易把公办的那一套带到这个地方来，所以我一定要想办法从树大这个地方的实际出发来做事情。因为任何事情要做好，必须要先了解它，必须要有情感，否则是没办法做好的。

我5月初到树大，6月下旬陈法文董事长带队，我们一行6人到日本访问，让我对树大有了进一步的了解。因为日本静冈常叶学园、京都短期大学都与我们学校是友好学校，从他们对我们学校十分友好的态度并签订了一些合作项目来看，树大在日本还是有一定影响的。树大在对外交流方面行动是比较早的。另外，这次出访也让我看到了私立学校在资本主义国家教育中的地位，而我们国家也刚好开始发展，这增强了我对民办学校未来的信心。我花了两个月时间，对树大的现状作了一些分析，在刘枫同志（当时省政协主席）主持的专题研究学校的主席团会议上，我作了"我对树大的认识"的发言，当时王老对我的发言是非常肯定的。

陈：所以您融入树大是比较快的。

朱：是的，我住在学校里，整整住了一年多，就在查济民大楼前面的宿舍，住在一楼。因为我一个人也没有其他事情，所以我对周围的环境也作了一些了解。当然我主要是考虑树大的发展，既然叫我来了，而且我又是省政协常委，就更应该上心些，要尽我的力量做点工作。1999 年 6 月，全国召开了教育工作会议，朱镕基总理的报告中把民办教育放到了重要的位置。

陈：而且刚好要扩招。

朱：对，扩招就是这个时候开始的。所以你们这批就招得特别多，750 名学生吧。过去没有招这么多的。当时，民办教育的地位有很大的提高，我也感到这是民办教育发展的一个时机，我要尽我的力量，做好我能做的工作。

首要工作，总结 15 年办学经验

陈：您来树大之前，有听说过树大或者有一些了解吗？

朱：基本上不了解。因为我一直都是从事高师教育，改革开放后师范的地位不断提高，浙师大也在迅速发展中。1993 年，中共中央、国务院公布的《中国教育改革和发展纲要》中提出，振兴民族的希望在教育，振兴教育的希望在教师。这就把师范的地位提得比较高了，如何办好浙师大，包括如何振兴浙江省的教师教育，那是我的使命。

陈：您没来之前，有没有想过树大是什么样子的？

朱：校园比较小我是知道的，到了之后发现比我想象的还要小一点，条件还要简陋一点，教师的数量更少一点，总的来说，条件比我想象的还要差

情系树人

一点。当时我知道的就是，这个学校是省里的领导、省政协非常重视的，聘任了一些高校的教授做兼职教师，系主任基本上都是外聘的。我刚来的时候担任常务副校长，陈子元院士是校长，不过他是没有来上班的。有人说我在浙师大当校长，到树大当一个常务副校长，但我不管这些，这都是无所谓的东西。

陈：您担任校长后抓的第一项重点工作是什么？为什么把它作为首要工作？

朱：我做的第一件非常重要的工作，是想总结一下树大 15 年来的办学经验，原因有两个方面：第一，可以增进对树大的了解；第二，为树大未来的发展奠定一个基础。事实证明，这项工作抓了之后，基本上按这些经验继续办学。因为中专学校刚合并，怎么办大学还不太清楚，那么只有从树大 15 年办学的经验出发，树大又是民办的，整个办学思路、办学层次，就是努力贯彻树大原有的体制和经验。当年在茶博开董事会，我专门作了这个总结。根据当时的形势，再加上树大原有的基础，也谈了树大往后怎么发展的问题。但重点是那 6 条经验，应该说我还是花了一点时间做的。这个稿子法文同志也看过，后来还印过小册子。我当时也动员各个系的教师，大家共同回顾树大发展 15 年的经验，通过这种方式，进一步增强大家办好树大的信心，也使得往后的发展能够更加有路可行。当时有人担心我怎么管理这个学校，我想要首先了解这个学校，特别是教职工要认识我，我同教职工的融合度应该说是比较高的，大家也比较快地认可我。

陈：是的，您有很好的群众基础。

朱：我到这里的第一个暑期中层干部研讨班在临安青山湖举行，之后基本上每年暑期都举行一次。一方面，对我来校后了解的一些情况作一些分析；另一方面，也是开展总结树大的一些讨论，发动大家一起探讨，后来还编制了一本《奋进中的浙江树人大学》画册。那时学校范围小，需要扩大，这也是我当时考虑的问题。一个是总结，一个想办法开拓树大。当时已经有一定的基础，我来的时候有 67 亩土地已经征用了，但还有好多问题没有解决，我一有空就会去那边走走，因为是空地嘛。学校联合之后，工作重点是如何真正融合、如何去升本，这是我当时抓的主要工作。而升本之后，如何把学校变成一个合格的本科院校，是我相当长时间里最主要的任务。

陈：不同的历史阶段有不同的任务。

朱：对，树大就是这样一步一步发展的。

持续发力，树建活动全方位推进

陈：您来到学校后曾全方位推出了"树优良学风，建文明校园"活动，您当时的出发点是什么？感觉效果怎么样？

朱：我来树大，有几点感触是比较深的，记得在当时教职工会上我曾经讲过。第一是卫生习惯，什么地方的卫生习惯呢？比如查济民大楼旁边有个学生宿舍，在学生宿舍下面有个自行车棚，每天我都经过这个地方，早上总看到自行车棚上面有很多垃圾，是学生从窗口随便丢下的废纸等。第二是学习氛围，当时要求学生在教室自习，我晚上会去教室看看，发现有些教室空荡荡的，自修的气氛、学习的氛围不太浓。我想，学校是民办的，学生是缴费上学的，应该好好学习才是。这给我一个直接的刺激。

陈：您感觉这个氛围与浙师大不太一样？

朱：是的，在浙师大，我们一直都开展"建文明校园、树优良学风"活动，这当然是长期的，必须一直做。第三是规章制度，有些办事规章制度还不健全，有些东西没有很好的预先思考和计划，包括开个大会。任何会议都要有准备、有目标，不能太随意，当然这主要是管理上的问题。

陈：文明校园不仅仅在学生层面，也包括管理层面，是吧？

朱：是的，包括各个机关部门，都需要制定一个建文明校园的改进措施。在2000年"五四青年节"时有一个表彰会，在《树人实践》一书中也收集了当时我的讲话，里面就写到了开展树建活动的有效性。当然那只是阶段性的成效，希望通过表彰活动，更加深入地推进树建活动。显然，这是个永恒的课题，各个阶段有各个阶段的要求，侧重点也有所不同，而且要在原有基础上往前推进一步，这样才能使校风一步一步好起来。

在后面10年左右时间里，可以在我的书里多次看到树建活动的内容，比如为了迎接升本，我们做了许多工作，包括"崇德重智，树人为本"的校训也是这个时候提炼出来的。我们专门搞了一次教育思想大讨论，在中层干部会议中专门研讨"如何营造优良学风问题"。因为这个工作不是阶段性的，而是长期的,包括现在,而且也是全校性的事情,涉及各个部门,只有发动群众,大家都来做了,才能做好。我当时还有一个想法,是什么呢？因为要联合,你是树大,是老大哥,一定要在各方面起模范带头作用,要成为联合之后的领头羊。

陈：对，有一个怎么引领的问题。

朱：是的，所以从某个角度讲，也是希望联合之后能够传递这个氛围，希望树大能够带好头。

凝心聚神，五校从联合到融合

陈：您多次提到树大联合的事，在这个过程中有没有遇到什么困难？最大的困难是什么？

朱：我一到树大就得知，董事会也正在考虑如何扩大学校办学空间的问题，67亩土地的征用就是一个例证。当时还在做一项工作，想与万向集团联合办学，把万向集团引进来，也做了许许多多的工作。实际上已经快到联合的时候了，最后为什么没有成功呢，我记得有一次董事会会议，鲁冠球也参加了。

陈：他也是当时的董事之一。

朱：是的。当时来讲，67亩土地要造房子，没钱，得找企业老板投资，这也是很自然的事情。但是后来在一件事情上没谈下去，就是知识产权怎么评价的问题，当时他们没有把知识产权评估放进去。人们通常的观念是，你有多少财产多少资金，他们想控股，股权达到 51% 就是控股了，如果按财产算，当时树大的财产是不多的，我记得好像就 4500 多万元。有的老师、有的董事，包括我自己都认为，没有考虑知识产权的评估是不对的，因为树大牌子的无形资产应该是很厉害的，后来这个事情就没有继续做了。

还有，当时这 67 亩土地与原树大之间还有浙江省电子工业学校隔着，如果不连起来会很不方便。后来我同老徐（徐绪卿，原浙江省电子工业学校校长，后来担任树大校长）也谈了几次，很希望能联合起来。因为刚开始时对于如何联合也不是很明确的。

陈：听说树大还与浙江省电子工业学校合办过班的，是吧？

朱：是的，是挂靠树大的。后来电子工业学校校长徐绪卿同志也比较倾向联合，所以暑假时我同冯孝善书记到浙江省经济和信息化厅（原浙江省电子工业局）、浙江省轻纺集团公司这两个单位各跑了一趟，找了他们的领导交换意见，他们也同意联合。我们把这个情况向省教委和董事长汇报，他们很赞同。其实王老他们早就想把几所学校合并起来，然而由于各种原因没成功。我前面讲的 6 月份全国教育工作会议之后，民办学校的地位提高了，这有助于推动联合之事。

陈：是的，这是一个很好的契机。

朱：1999 年 8 月 31 日左右，柴松岳省长、鲁松庭副省长带领省有关部门负责人，教育厅正副主任也都来了，共 10 多人。我们汇报了学校的一些情况，我提出了三个问题，恳请省长帮助解决。这三个问题分别是关于联合办学的问题、专科升本科的问题、关于土地征用的费用和人员安置的问题。柴省长充分肯定了树大办学的经验并对三个问题都给出了明确的回答，当场拍板四所学校联合起来，并指出："联合可以充分盘活力量，联合之后的新树大，再经过若干年的努力，办成全国一流的民办大学。"所以我个人一直认为，学校联合主要还是政府的决策，若省长、副省长没有签字，我们下面的人是没啥办法的，因为几所中专是国有资产，而树大是民办的。因此，省长同意几校联合，这一步动作是很大的。

在这个过程当中碰到的另一个问题是，紧密性联合还是松散式联合的问题。省教育厅明确提出，要统一领导、统一规划、统一建设，"三统一"紧密性联合。所以，在四所学校联合的过程当中，主要还是靠政府。1999 年 10 月，省教委就有一个如何联合的具体方案来征求我们意见，第二年 3 月，省政府就正式下达了几校联合的文件。应该说这个速度是非常快的，因为联合毕竟牵扯了几个厅局、几所学校。在这个过程中，省教育厅做了许多具体的工作，省教育厅直接负责这项工作的是阮忠训同志，他既是省教育厅副厅长，又是树大董事会的副董事长。

几校联合之后，浙江勘察工程学校当时的校长赵志伟是我的学生，他主动多次跑来找我，讲他们班子同意并入树大，也比较诚心。我们内部开始时有些不同看法，觉得这个学校没有多少土地，而且学校负担较重。我倒是认为，一是他们进来能够巩固我们已有的联合；二是我看了一下，他们的师资力量还是可以的。所以我专门向董事长作了汇报，第二年也就是 2001 年他们也并进来了。

再后来，浙江传媒学院（原浙江广播电视高等专科学校）舟山东路校区

情系树人

并购进来还是经历了一些周折的。他们开始要 2 亿元左右，我们不同意，我们出的价是 1.3 亿元。我同他们的彭院长专门谈了几次，后来下决心的还是省教育厅。省教育厅给了他们下沙一块地，传媒学院这块地就置换给我们了，我们再给他们一点钱。陈文韶同志是当时的董事长，又是原来省教育厅厅长、省委高教工委书记，对高校比较熟悉，传媒学院这块土地能顺利置换，与他的努力分不开。

五所学校联合，难就难在联合之后如何真正融合，真正在思想上融合。我个人的观点是，非常重要的是干部队伍对这个问题的统一认识，对学校的未来大家都要看到一个前景，管理学里讲的就是愿景教育。就当时的情况来讲，有这样那样的想法，有许多的利益关系，这都是很自然的，比如有的教师担心能不能留下等，文件里有很重要的一条，就是保留老人老办法，这对稳定人心起了很重要的作用。

2000 年上半年，四校联合，当年在象山召开了暑假中层干部会议，我认为那次会议非常重要，是对学校的定位、目标任务的确立，是新的航程的开始。王老、特聘顾问组组长陈法文同志、董事长陈文韶同志、校长陈子元院士、特聘顾问阙瑞麟院士、特聘顾问薛艳庄教授、浙大博导何志钧教授等都参加了这次会议。何教授是非常著名的电子学专家，我校信息科技学院的院长高济教授就是他的学生，也是何教授推荐过来担任院长的。

那次会议上我有一个讲话，题目是《认清民办高校发展态势，加快把学校升格为本科》，目标是比较明确的，树大要抓紧升本。当然也有一部分同志感到这个进展是否太快了，学校还是中专的、专科的，一下子要升本科，感觉太快了。陈文韶董事长在会上作了重要讲话，非常明确地提出了近期"三上"的目标，就是上规模、上层次、上水平。王老和特聘顾问们也一致希望学校能加快升本。联合之后的一两年里，董事会和几个厅局对合并都是比较满意的。我自身感觉融合得还可以，干部之间的融合、教师之间的融合都比较好，大家对办好新树大也比较有信心。王老在新树大成立时就提出来"热爱新树大，建设新树大"，以这个为动员，大家都要以新树大为荣。当然，我对树大是很有感情的，也是非常投入的，从某种角度上讲，这对其他干部也有一定的影响吧。

专科升本，上下齐心顺利过关

陈：五校联合之后，马上进入专升本的准备工作，作为校长，您主要是从哪些方面着手准备的？

朱：升本应该是树人联合之后的一个主要目标，但是考虑到树大刚成立不可能一下子升本，所以我们首先了解升本的条件以及升本学校的一些经验，不管是公办民办，看看他们是怎么升本的。

黄河科技大学是 2000 年升本的，而且也是民办的，相信其经验可以为我们所借鉴。我们四校联合之后要升本就要创造条件，要把它融合得更好，要把学校发展规划搞好。为了解升本的条件和步骤，我们请了一些升本成功的学校领导和专家来作报告。2001 年下半年，经过一年多时间的联合与融合，我们开始了升本工作，并成立了升本领导小组，我是组长。第一，了解升本的条件和过程，通过"走出去、请进来"进行调研。第二，健全组织，分工合作，分几个组并明确各个组的主要任务。第三，搞好学校的十年和四年发展规划，因为考评很重要的一点就是看学校有没有规划。当然也要考察这个学校的领导有没有正确的教育思想，所以要搞好规划。第四，做好对外宣传的一系列工作，扩大树大的影响面，能得到专家同行的认可。

同时，如何使硬件建设逐步达到目标，最重要的一个是实验室，一个是操场。在原外经贸学院后面那个地方，特地建了一个操场，而且是不完全标准的 400 米，但基本上是标准的。因为没有一个 400 米跑道的操场、实验设备不合格就不行，硬件建设是硬碰硬的。当时，我们的两幢教学主楼已经建好了，图书馆正在建造之中，是整个学校最大的建筑体，这也是我们引以为豪的一件事，因为把图书馆放在非常重要的位置，是学校的一个标志性建筑。还有电子的那个楼改成了实验楼，轻工后面也搞了一个实验楼。对于这些硬件建设，我们当时是非常拼命的。第一次是省教育厅组织专家来评审，他们说可以了，省教育厅就上报了教育部。

当我们了解到，当年东部的民办学校升本很困难、升本重点放在西部时，陈文韶董事长和我及徐绪卿同志，还有当时省教育厅计财处处长诸子育同志一起，在 2002 年 4 月初将申请报告送到教育部，并向教育部张保庆副部长和规划发展司年阳春司长汇报，表达了我们强烈的升本要求。当时我的另外一个工作就是抓紧做好《树人实践》一书的出版工作，结果是在专家组评估之前的 2002 年 5 月出版的。因为这可以作为专家组评估时了解学校领导办学思路的一个参考方面。宣传部门还搞了个纪录片和画册等，主要反映学校办学的成果，这样让大家看到，树大虽然条件还比较欠缺，但它是积极向上、是有希望的。也像我们通常所讲的，看一个人，不光要看他的现在，还要看他的潜力。我们要让专家、让外界能够了解树大本身，它有一股向上的热情和朝气。我们前面讲的"树优良学风、建文明校园"，也都是为了塑造这样一种风气，人们走到树大来一看，这个学校风气很好，热气腾腾的，一股朝气。

我们在 2001 年冬天开始准备，2002 年 4 月提交报告，2003 年 3 月专家评审通过。其实是 2002 年申报成功的，应该说是当年申请当年就批准了。

在升本过程中，我抓总的（规划），具体工作都是靠大家。当然，我非常关心，也十分投入，包括《树人实践》里边好几个总结报告，都是我自己写的，其中有一篇《为争取升本所做的努力》，较详细地叙述了这项工作的全过程。我校升本资料还是比较丰富的，要了解升本过程，有一系列文本材料，你们可以看看，把它理一理，因为升本在树大发展史上是一个重大事件。联合也是升本的前提，没有联合是不可能升本的，上研究生教育层次，估计还有一段时间，本科教育将是一个相当长的时间。

陈：是的，当年董事会提出"上规模、上层次、上水平、争一流"的口号，我们都非常熟悉，上层次也包括了从专科上到本科层次，规模从 2000 年开始也有了一个较大的飞跃。

朱：所以在整个过程当中，许多人都感到不解或有些紧张，因为那时还有中专学生，四校联合之后，专科院校就要升成本科院校，这个是不是太急了？但是有些事情有一个机遇问题，你是不是能抓住这个机会，关键是有没有准备好，准备好了，机遇来了你才能把它抓到，否则就错过了。

我讲一个例子，譬如我们学校的学报，这是我们抓起来的。我一开始就讲办大学一定要有学报，所以四校联合之后，马上启动了这项工作。后来省里也比较重视，比较快就审批下来了，而且名字就是《浙江树人大学学报》。后来主管部门对"学报"审批就收紧了，所以在民办高校中我们是最早的，当时是唯一有学报的民办高校。有学报的学校档次是不一样的，这也是一所大学的象征。我在《树人探究》里面有一篇文章就是专门讲机遇问题的，有许多事是有机遇性的。

肯定成就，习书记视察振奋人心

陈：2004年，时任浙江省委书记的习近平来学校考察，当时您就在现场，相信您一定印象非常深刻，能讲讲当时的情景吗？

朱：习近平同志亲临学校考察，是树大一件非常大的事情。当时我们学校的名誉校长王老、法文同志、文韶同志以及梁平波同志都在学校大门口迎接。习近平同志从南大门进来，虽然那时我们的图书馆还没正式启用，但已经建成，很雄伟地矗立着。他给我的第一印象是非常平易近人，他与老领导们亲切交谈。因为我是校长，所以我陪他走，给他介绍这个是什么建筑，那边是什么，他频频赞叹学校的教学大楼和图书馆。大家边走边看，一直走到老树大查济民楼前。当时还没有行政楼，行政楼是2006年造好的。

陈：在查济民楼前面，我看到有一张合影是在那边拍的。

朱：是的。查济民大楼北面原来有正门的，联合之后，南面作为大楼正大门，所以上面有"树大"几个字。习近平同志从这里进去并在这个门口与大家一起合影，你看到他在照片里满面笑容、兴致勃勃的。有一张照片是他跟王老、文韶同志以及盛昌黎同志在一起交流的。盛昌黎当时是分管文教的副省长，省教育厅的侯靖方、郑继伟正副主任都来了。习近平同志来时正是教师节前夕，这对全校师生是一个极大的鼓舞。当时学校升本已一年多了，所以也是对树大升本的一个肯定，这对我们学校的影响是很大的。

树大受到历届省委书记的重视，最早的王芳、薛驹、李泽明等书记都来过树大，我估计省里没有一所省属高校有那么多省委书记亲自去过的。王芳同志从级别来讲是当时最高级别的，曾任国务委员。在我们20周年校庆前夕，他还专程来到树大，祝贺树大建校20周年，并题写了"科教兴国"四个大字。省领导对树大的关心，是树大发展的一个重要的支撑力量，也是对广大师生进行教育的一个非常好的材料，说明省领导对民办教育的重视和支持。习近平同志现在是国家主席，是总书记，他来过我们学校考察，对我们学校的鼓舞力量更大，可以成为教育学生热爱树大的一个非常重要的教材。

陈：习近平同志后来在查济民楼前有一个重要讲话，当时我们看了录像都挺激动的，您在现场肯定更受鼓舞吧。

朱：那当然了。我刚才讲的就是习近平同志对我们学校办学成绩充分的肯定，增强了我们办好树大的信心，而且作为省委书记亲临树大，本身就是一件很不容易的事，所以他的录像、讲话这些材料，应该很好地保存，便于今后长远地学习。

陈：习近平同志在讲话里有说，看到学校还是挺出乎他的意料的。

朱：是的，他一走进校大门的时候非常惊叹，"噢"，建筑这么高，同其他普通大学一样，而且在某些方面比普通大学还好。因为普通大学当时大都还没有那么高大的图书馆。

陈：图书馆当时刚建好的时候，在省内还是比较不错的。

朱：这个主要是省教育厅的支持，图书馆比较早就有了地下车库，当时来讲也不容易的，一般学校还没那么先进，而且是在学校的中心位置，四所学校前后地域已经完全被打破了，十分有助于新树大观念自然而然的形成。

强化师资，多管齐下力促队伍成长

陈：您多次提出师资队伍是学校建设和发展的第一工程，而您刚来的时候，我们自己的老师数量还很少，现在已有 800 多名专职教师，其中有 200 多名博士。前些年，在师资队伍建设方面，学校都做了哪些方面的工作？

朱：办大学确确实实主要是教师，教师强，学校水平就强，这也是我刚到树大感触最深的一件事情。当时树大只有 20 多名专职教师，没有一个研究生，而且有的还没有大学学历。几所学校联合之后，也没有正高，高级讲师是最主要的，研究生也很少，只有 9 个。所以如何建设一支教师队伍，是必须认真思考的大事，我在浙师大时曾经出过一本书，叫作《兴校韬略》，其中有一篇专门讲了教师是办学的根本这个问题。

那些年，为了强化师资队伍，我们多次召开全校性师资工作会议，多次开展骨干教师、优秀青年主讲教师、学科带头人等评选。其实刚开始时，对学科带头人是什么很多人都不太清楚。最先是高讲变成副高，然后向正高冲。因为各个学院都聘请了一些著名的教授当院长，比如刚才讲到的信息科技学院，还有外经贸等学院。

我们合并时对教师的调整是很小的，有些学校基本上把原来的教师都调整掉了，不同的民办学校有不同的做法。在升本之前我们还在应届毕业生中留了一批人，按理说专科生是不留的，但是我个人看，有些优秀的还是可以留下做行政干部，个别的也可以做教师，不能一概而论。经过 20 多年，现在学校的教师队伍应该是比较像样了，这当然同大形势有关系。当时要引进个博士很不容易，现在博士毕业生多一些，而且当教师从事教育事业也是大家比较喜欢的，所以从客观上来讲，现在引进博士相比过去要容易些。但像计算机专业等引进博士还很难，艺术类就更难了。

陈：现在也还很难，像艺术、外语这些专业博士毕业生本身就少。

朱：像艺术专业的林涛博士，那时候千方百计才把他引进来。各个学院情况也不太一样，有的就认为本科生也可以，只要实际技能好；有的认为硕士生就可以了；有的学院一定要博士生，生环学院就是比较早要博士生的。我认为，学校要有一批搞理论的教师，也需要有一些动手能力、实践能力较强的教师，这样才能培养应用型的学生，因为我们是培养高级应用型人才的学校，而且是比较早就提出这个培养目标的。

在师资队伍建设方面，我觉得有两点是比较重要的，一是青年教师当中的拔尖人才要尽早发现并多加培养，而且要去比较好的学校，乃至出国培养，这个是长远之计。这样的人，爱校程度比一般外聘的高级知识分子要强，因为他们毕竟是学校自己培养的。人才的培养有一个长期积累的过程，他要积极，要选择方向，要有好的导师带，有好的方向，再加上他本人的刻苦，再加上机遇，因素很多。二是教师要有国际化的视野，要加强外语学习。特别是一些较年轻的教授、副教授，要自我加压。因为学校将来的路子，或者说生存发展的能力，很大程度上取决于同外界的交往能力。将来我们要进一步加强国际交流，要深入开展学科的国际交流，现代大学一个很重要的标志，就是国际化。对大学的问题我曾有过多年的思考，什么叫大学，大学应该具备哪些东西等等，我曾写过一篇《现代大学特征的思考》的文章，其中"开放性与国际性"是大学特征之一。学校要发展，要成为一流，一流里面应该包括国际化的程度。

相辅相成，工作学习研究三结合

陈：您在树大工作 10 来年时间，出了很多成果，包括我们看到的这三本书，还有其他的一些成果。您在学校中层干部会议上经常强调，要工作、学习和研究相结合，想请您谈谈您是怎么做到的。

朱：说不上多少成果，只是做了一些事情，也是自己一边工作一边在体会。我 10 年前曾写过一篇稿子，题目就是《做一个 WSR 结合的管理者》。W 就是 Work，S 就是 Study，R 就是 Research，是这三个字母的缩写。我第一次提出这个想法是在《兴校韬略》的后记里，我在浙师大做领导工作将近 30 年。我曾做过数学系的系主任，然后再到校领导的岗位上。我教过好几门课程，也较早接触了一些教育管理学的知识，1982 年下半年参加省里举行的第一期高校干部培训班，听了潘懋元教授讲的《高等教育学及教育规律的问题》报告。然后在实践过程中边干边学、边学边干、边思考边探讨。

你问我怎么能够坚持，我认为首先是一个"爱"字，是爱学校、爱教育，没有爱不可能产生情感，有问题看不到，有些好的东西也看不到，我对浙师大也好，对树大也好，都是十分爱的。其次是"责任"，作为大学的校长和书记，你的主意好坏，影响整体责任重大，所以我也经常思考一个问题，如何当好一个大学的校长？我也关注他人当校长的经验。再次是勤奋，我觉得自己比较勤奋、勤学、勤思，还比较勤写，一般的讲稿和讲话，基本上都是自己写的，档案室里我的文稿可能很多，估计有些乱，因为是手写的。我感觉有些思路，然后去写，有些东西则是在写的过程中出来的。这 10 年我真的是全身心扑在树大，当然我还有一个有利条件，就是身体还比较好，这 10 年没有请过假。

另外，让我感到十分欣慰的是班子的成员，我们的团队团结协作，我是"一把手"，大家支持我、尊重我，从而愉快地为树大发展而工作。

陈：我看您的很多讲稿里都有涉及国家的一些政策，包括引用一些重要的论述，说明您很关注这方面的内容。

朱：我对教育方针、对与教育有关的东西都会比较关注，因为我们是搞教育的，又是在大学搞教育，就应该了解教育的一些方针政策，所以我也解读一些有关方针政策的文章，然后形成自己的一些体会和看法，经过一段时间来印证，这个看法是不是对的。比如当时我们不是要评估嘛，"以建迎评"还是"以评迎建"？当时一般提的是"以评迎建"。我后来考虑，如果都是按"以评迎建"的标准来，而标准又是不同的甚至会变的，而我们搞"以建迎评"是永久的，只要你去建，什么时候评都没问题，所以我们就提出"以建迎评"，得到了大家的认可，我们的评估也得到了比较好的结果。

有时候会突然来一股风，这个风来的时候，你怎么去判断它？这里我讲一个例子。20 世纪 80 年代末，有些领导认为"智"过头了，可我认为，"智"还是要重视的。当年在我们学校召开一个全省教学研讨会议，在会上我就讲应该提"重德重智"，智不重是不行的。后来我们学校又专门召开座谈会，提出了"重德重智，从严治校"的口号。实际上我们现在"崇德重智"的思路是从这个地方衍生过来的。我在 2002 年时提出"重德重智，树人为本"，后面还有几句话，在一次中层干部研讨会上，觉得两个"重"字有点重复，所以大家讨论后把第一个"重"字改为"崇"字。新中国成立以来，在学校教育中政治和业务常会发生矛盾，有时"重"这个、有时"轻"那个，我认为这两个东西是相辅相成的。所以我的意思就是说，有的时候对某些问题和社会上这样那样的风，你真的思考了，可以不跟风，有你自己的主张，有你自己的观点，这也是一种独立的判断。

扬长补短，教学与科研齐头并进

陈：这些年学校是如何看待教学与科研之间的关系的？您觉得老师又应该如何处理好教学与科研的关系？

朱：我认为，任何一个教师都要搞科研，这是前提。但是侧重面可以不同，你搞教学的，除了做一些专业的科研之外，还可以重视教学的科研。如何教学也是一门学问，里面有好多问题，比如如何使学生能够愉快地接受知识等等。书上写的东西，你可以去看，他也可以去看，但是要变成你的知识不是那么容易的，不同的教学方法就有不同的效果。所以作为老师来讲，有的也可以侧重教学的研究。

陈：现在我们教师有三种类型，教学科研并重型、教学型和科研型。

朱：其实这三种类型都要搞科研，这是一个前提，当然各人有各人的特长，情况不一样，有的人可能专业理论方面基础扎实，对本专业某个方面有自己方向的，可侧重前沿性的科研；有的人可能是生产经营方面、知识的转化比较擅长，可做应用性方面的研究。对学科带头人，可以从学校这方面组织力量，像过去我们的外经贸作为一个重点学科，组织力量、组织课题开展研究，在某一个领域里能领先。我们树大在某些方面可以冲到前面去的，也应该有选择，然后形成自己的优势。我在任的时候主要有两个重点，一个是民办高校教育的教育科研，一个是外经贸。我认为学报在培养教师科研能力方面起到了很大的作用，专家认识树大，许多方面是通过学报来了解的。为什么现在他们对树大民办高等教育给予肯定，这与民办高等教育专栏前期的坚持有关。所以科研还是要重视。

刻骨铭心，十年间最难忘的那些事

陈：您在树大工作期间，印象最深的有哪几件事？

朱：给我印象比较深的一个是刚才讲的升本，第二是习书记来校视察，第三是 20 周年校庆，第四是学报。当然，印象比较深的还有一件事，那是不成功的事情，就是我们土地征用扩大校园的问题，这是我们 10 年当中董事会和学校领导花了比较大的精力去做的工作。我们曾多次商谈过学校周边几处地方和市内几个地方，还有富阳、桐庐、仓前、绍兴、安吉等地都去商谈过，桐庐政府赠送 1000 亩土地，董事长梁平波、陈文韶亲自与县领导商谈，省教育厅厅长亲自去考察过，省政协领导多次听取学校在桐庐办学的汇报，名誉校长王家扬、特聘顾问组组长陈法文都去看过。经过多方努力，最后省政府也批准同意，并且也作了规划，后来还是因为经费问题没有办成，留下了一个比较大的遗憾。当然最后杨汛桥成功了，这也是圆了一个梦，使得学校扩大了办学空间。我很希望在舟山东路的校园能向外扩大，整个能够连在一起，包括我一来的时候就提到一个建议，就是把舟山东路变成步行街。那时候我

情系树人

作为省政协常委曾提了几个方案，舟山东路变成步行街是其中一个，当时主要是考虑学生的安全问题，这里车子太多了。后来给我一个回应，说往两边拓宽 20 米，与省交通厅也谈了很长时间。还有二警校，而且也曾谈得差不多了，包括原灯具市场，都想把它并过来。我的意思就是为了扩大办学空间，花了比较大的精力，不光是我，我们班子、董事会，包括省里领导都花了一些精力。像桐庐 1000 亩土地，后来到省里都已经批了，这中间做了许多工作。

展望未来，民办教育前途光明

陈：朱校长在树大工作了 10 来年，您对民办高等教育的前景怎么看？

朱：我认为，民办高校的前景是非常光明的，在我们国家，公办和民办同时存在的时间是相当长的，而且民办高等教育的发展在整个高等教育当中的地位必将不断提高，可能会出现一批在国内乃至在国际上非常有影响力的民办高校。像西湖大学，现在雄心壮志，想要成为世界著名大学，它是民办高校。我们学校应该说在全国民办高校中相对而言有较长的办学历史，也已有一定的办学基础，再加上浙江省在整个国家改革开放中的态势和地位以及政府对学校的支持，所以我想学校有理由成为全国一流的民办高校，成为本省一流的高校，我相信这个目标一定能够实现。

朱玉同志（左）与作者

情系树人

一门心思谋发展

——第七任校长徐绪卿访谈录

【人物名片】

徐绪卿，1956 年 8 月生，浙江江山人。曾任兰溪市人民政府副市长、浙江省电子工业学校党委书记兼校长等职务，2000 年 3 月起担任浙江树人大学副校长，2012 年 10 月—2019 年 11 月担任校长。兼任中国高等教育学会民办高等教育研究协作组组长、中国民办教育协会高等教育专业委员会副理事长等学术职务，是教育部本科高校教学合格评估专家。

采访时间：2021 年 12 月 30 日

地　　点：拱宸桥校区图信楼 1105 室

访 谈 人：陈乐敏

陈：徐校长好！首先非常感谢您接受我们的采访！四校合并时，您是原浙江省电子工业学校的校长，您觉得电子学校与树人大学相比不同点主要是什么？您刚过来时有哪些方面不适应，又是如何调整的？

徐：四校联合办学，还有不久之后与浙江勘校合并，这对学校的发展来说是一个里程碑式的重大事件，同时也是我们浙江省教育体制改革的一项重大成果。四校联合、五校合并，打破了公办与民办的界限，集中高教资源，服务经济社会发展，这个大的思路非常好，对社会、对学校发展来讲都是一件好事。

我查了一下数据，1998 年，浙江树人大学成立 14 周年，这个时候我们的招生才 500 人，在校生只有 1344 人，其中还包括了与浙江省电子工业学校联合办的高职班近 300 人。所以这么一块牌子和资源，在当时的浙江并没有得以很好发挥作用，是很可惜的。1999 年，开始高等教育大发展的时候，浙江省一共就 33 所学校，这个资源太珍贵了。所以省政府高瞻远瞩，把我们几个学校资源整合到一起，扩大招生规模，提升办学层次和质量，也增加了高教资源的供给，这无论对我们学校的发展还是对浙江省经济社会的发展，都有重大意义。

当然，这个事件对我个人来说也是一个重大转折。今天我带来了三样东西，看看是不是很有意思。第一件是新树大第一次学校董事会发的董事聘书，第二件是第一次颁发的副校长聘书，第三件是我第一次参加董事会的通知。这三件东西至今已有 21 年了。

四校联合的时候我就担任了学校的副校长，也是董事，对我个人来讲，这首先是一份新的责任。根据省政府文件要求，我们第一届董事是上报省政府审批同意的，所以感觉责任格外重大。当然，这也是一个新的转折。我

1985 年调出杭州电子科技大学，经过省电子技术研究所、兰溪市人民政府和浙江省电子工业学校几个单位的轮转，15 年以后重新回到高校工作，并且担任领导，确实也是一个事业的挑战。我相信有这种想法的不只是我一个，因为在当时的联合和后来的合并过程中，一些干部和职工实际上是有一些想法的，有的领导甚至提出各自的校园还要保留，省教育厅领导也说原来的房子一间都不能拆。后来感觉这样不行，最后学校领导班子统一了思想，根据统一领导、统一建设、统一管理、统一规划的要求，把各校校园围墙全都拆掉，但原有三所中专学校，包括后来的勘察工程学校的资产是经过评估的，作为国有资产留了底。

四校联合时陈子元院士兼任校长，朱玉是党委书记兼常务副校长，冯孝善当秘书长，还有我们三个副校长，学校联合以后我负责教学和科研两块工作，包括中等职业教育，不久又明确分管对外国际交流和图书信息工作，任务相对来讲是比较重的，对我来说也是新的开始、新的挑战。

说到原来的学校跟现在学校的不同之处，我考虑主要有三个方面。第一是办学体制完全不同，原来是公办的，所有的东西都跟着上级走。而到这个地方，虽然有财政适当补助，但是因为经费主要来自于学校的服务创收，所以要更多地把学校的一些工作布局好、调整好，有比较大的办学自主权。第二是中专与大学不同，两者的培养目标、培养模式以及对教职工的要求、对领导的要求都有比较大的区别。第三是职责不同，我原来是浙江省电子工业学校的党委书记兼校长，负责全面工作，现在根据分工，主要是协助校长分管教学和科研，后来还有外事工作。从一个单位党政"一把手"再回到这个地方来当助手，也是有很大区别的。所以在这个过程当中，我一方面是加强学习，另一方面是积极思考和探索怎样做好自己的工作，包括怎样把我们这样一种类型的学校办好，在这方面自己也作了一些努力。

陈：您后来从学校的副校长到校长，角色转换后感觉有什么不同？担任校长后做的第一件事是什么？为什么？取得了怎样的效果？

徐：说到学校工作的角色，都是根据董事会和主要领导的安排。我记得原来信息产业厅的厅长马旬，后来担任科技厅的厅长，我到这里来工作的时候，他和我谈过一次话，说："我的体会就是人最好不是自己安排，人家（领导）才能够安排得好，可能领导看得比较全面，你说哪几个人是按照自己安排成功的？"我觉得他说得有点道理。因为我们个人适合做什么工作，可能上级领导甚至旁人看得更清楚。到树大工作以后，朱校长对我也比较信任，因为我们两个学校原来就是隔壁邻居，学校基础也比较好，在联合的过程中态度也比较积极，而且在1997年、1998年两校已经合作开办了高职班，就是学校的高职班，所以有一些工作基础。

2012年10月，我被任命为校长。我上任后的第一件事是做好教职工的稳定工作。记得当时有12个教授和博士提出要调走，如果不能妥善解决好的话，可能会造成一些不良影响。20多年来，高等教育一直在发展，各个学校都需要人才，教师要去找个单位实际上是不难的。当然，大部分人对学校的感情比较深，也比较稳定。所以当时主要是稳定，也及时采取了一些措施：一是采取应急的"冻结"之策，即一律只进不出，以稳定教师队伍和教学秩序；二是加大对教师的教育和培养培训力度，加快教师能力和水平的提升；三是分工做好教师的思想工作，了解提出调动的原因，帮助解决问题和心结；四是承诺加快提升教职工的待遇。

说到教职工的待遇，原来我们学校一直是比较低的，2012年时，全校中层副职没人交过年收入超过12万元的个人所得税，2013年就有一半以上的中层干部交（个人所得）税了。我们当时提出每年绩效工资平均加1万元，连续加三年，达到略高于同类学校的平均水平，教职工的福利得以大幅度提升，为留住一部分人才创造了条件。用一些远大目标、根本利益来教育和引导教职工，这个当然是需要的，但也要看到教职工也是现实中的人，这么高的房价，在城市里这么大的开支，不能老是用勒紧裤带搞建设搞发展的理念来要求他们。从结果来看，效果还是比较明显的，这12个人最后只走了一个，其他人都继续留在学校，教学等各方面工作都稳定了下来。

第二件事是考虑学校进一步发展的问题。在高等教育大发展的机遇下，如果我们不抓紧发展，就可能快速下滑。因此，在学校基本稳定以后，我就开始考虑学校大的发展问题，如学科和专业布局、教学质量稳定、人事制度改革和新校区建设等等。

陈：您在担任校长期间，提出了很多新的治校理念，比如创建"教学服务型大学"，这个理念是在什么背景下提出的？其内涵主要有哪些？

徐：治校理念很核心的内容，就是办一所什么样的大学，在学校联合的时候，省政府就要求我们办应用型大学。应用型大学的提出，实际上可以追溯到王老创建学校的时候，他提出我们的专业建设一定要贴近经济社会的发展，所以学校原来最早的专业都是社会上比较少甚至没有高校开的专业，比如日语、外贸、园林、装潢等专业，都是当时很多学校没有并贴近经济社会发展需要的专业。

进入本科教学以后，我们继续提出了培养应用型人才的要求，探索新的人才培养之路。特别是在2004年，我申报的浙江省高校教学改革重大招标课题《新世纪民办高校人才培养模式的理论与实践》获得立项，我们跟省教育厅高教处合作一起来做，课题研究成果提出了一个"高级应用型人才"的概念和培养目标。"高级"主要是把应用型本科与高职院校的技能操作型区别开来，因为高职院校也叫"应用"，我们感觉本科比专科要"高级"一点，比如说我们的基础更加扎实、应用能力更偏重于技术以及人才培养的层次肯定相对较高。另外，提"应用型"也把我们学校跟传统的学术研究型学校区别开来，所以对"高级应用型"这个概念，我们是有明确界定的。

2005年，我们的研究成果在全国新建本科院校大会上作了交流，得到了当时教育部副部长吴启迪的肯定。吴启迪当时就提出"新建本科院校都要走高级应用型人才培养的路子"，这是原话，《中国青年报》上可以找到，这对我们是个鼓舞。但是，高级应用型人才的培养目标提出以后，我们没有找到实现它的机制和路径，为什么？因为我们还是走传统的培养路子，后来大规模地搞校企合作，实践基地建了一百五六十个，但实际上培养模式还是原来的老一套，所以我们应用型人才培养改革的进展还是比较缓慢的，效果也不明显。原因主要是办学指导思想没有根本性的变化，没有明确学校的定位和实现路径，不明确应用型在哪里应用、为谁应用，泛泛而谈地应用不可能取得成效。

2010年，学校班子在杭州超山举行了一次学习会，讨论学校"十二五"发展规划，提出要进一步落实高级应用型技术人才的培养目标，进一步转变指导思想，进一步下沉，放下架子，放下身段，更加贴近经济社会发展的现实。我提出能否将"教学服务型大学"作为我们发展定位的个性化表达，经过讨论，这个提法得到班子的认同。但当时"教学服务型大学"的概念还比较模糊，我们凭借的仅是华中科技大学刘献君教授的一篇文章。

"教学服务型大学"提出以后，毛书记（时任学校党委书记毛雪非）也非常认可，所以学校班子研究决定，一方面把它作为学校办学类型定位的个性化表达，另一方面让我牵头加快有关研究，提供理论支撑。所以我们组织力量展开研究，并在很多报刊上发了文章，包括《高等教育研究》《中国高教研究》《中国高等教育》，还有《教育发展研究》《光明日报》等，通过大量文章，界定我们这样一个理念和定位，使得"教学服务型大学"的设计越来越贴近于我们的应用，在学校合格评估中还得到了专家组的一致好评，获得了加分。

担任校长以后，我在这块工作上大力持续推进，从2010年提出"教学服务型大学"，我们搞了10年，我感觉这10年对我们是有用的，解决了一个最大的问题，即明确了我们办学的指导思想就是"服务"，树立了"办学就是服务"的理念，就是服务国家、服务社会、服务师生。正是基于这样一个理念的基础，后来进一步发展了行业学院。

为什么要发展行业学院？因为服务首先要解决为谁服务，也就是服务对象问题。我们的专业如果不跟产业、行业结合，就失去了服务对象，应用就找不到落脚点，也就失去了存在的价值。比如简单地讲，学校里办公用的计算机，跟我们医学院的计算机原理都是一样的，但是使用肯定是不一样的。现在科学技术的进步和细分，使得很多技术的应用进一步细化。现在的计算机应用，我们简单地讲是技术应用，它是基础性的东西，但是真的要把它用在医学上、用在机械制造设计上、用在建筑上，应用型人才就必须专业化，那就有很大的个性问题。通过行业学院产教融合，人才培养才能更贴近经济和社会发展的实际，更加贴近行业、产业、企业的实际需求，从而大大加强人才培养的适切性和针对性，增强专业建设和学习的现实意义。

第二个问题是怎么服务？我们现在找到的服务路径就是培养人才。因为我们学校的主要工作是教学，主要是培养人才，应该把我们的教学作为我们为行业、为经济社会服务的一个主要形式和主要内容。我们过去高教当中的服务，主要是指科研为地方服务、技术为地方服务，但是像我们这样的学校主要是教学工作，所以我们把人才培养跟这个结合起来，把人才培养作为服务的主要手段和路径。如果仅仅是科研服务的话，不需要办学也可以，科研机构也可以。教学服务是涉及人才培养怎么样推进经济社会发展、怎么样推进行业产业发展的问题，所以我们在 2015 年又跨出了一步——建设行业学院。行业学院的本质是产教融合，通过行业学院的运行机制，学校与行业高度融合，从而建立起双方对人才培养的责任，共同担负应用型人才培养的任务，这对学校的发展具有长远的重要意义。

陈：您担任校长期间，学校实现了办学空间上的突破，学校选定杨汛桥作为新校区，中间遇到过什么困难，又是如何克服的？

徐：办学空间的突破，凝聚了多年以来学校领导班子和广大教职工的共识和努力。合并之后，校园的实际面积是 400 多亩，后来与村里合作，有 16 亩征进来，总数在 432 亩，这个面积与教育部提出的人均接近一分地的要求相差甚远。实际上，学校联合以后，我们就一直在寻找新的校园用地。

新校区建设在 2008 年出现了一个转机。当年教育部发了一个文件，就是民办高校需要办理办学许可证，并且根据谁批准谁发放的原则，本科院校办学许可证由教育部发放。办学许可证按理说就是学校办学的合法证件，但是过去有关部门没这么较真过。申报办学许可证需要符合办学条件，其中就有校园面积的要求。我们 432 亩校园，肯定是通不过的，省教育厅都不会帮我们上报。因此，一方面是我们自己一直在寻找，另外一个方面就是教育部的强制性，把新校区建设逼到一个非常急迫的程度。在这种情况下，我们班子下决心去找地。

2009 年 4 月，桐庐职业学校的童锦波校长邀请我们去办学，当时我和文

情系树人

韶同志去看了后感觉面积太小就放弃了。后来有个桐庐的毕业生，具体名字记不清楚了，他听说我们想到桐庐办学，就专门给学校和桐庐县政府写了一封信，希望学校到桐庐办学。桐庐县副县长程春明就找到我们，希望我们跟政府合作办学。根据朱玉校长的安排，我牵头与桐庐县相关部门就新校区建设开展洽谈。经过多次商议洽谈，董事会考虑到与政府办学的稳定性，最后决定到桐庐办学。

桐庐县委书记戚啸虎和县长陈国妹对项目非常重视，常务副县长程春明具体负责。经过友好谈判，2009 年 9 月学校与桐庐县政府签订了协议，桐庐县给了 1195 亩地（已经整理平整），位置在高速出口和高铁站边上。另外我们要了旁边一块地，将近 100 亩地，造教职工宿舍，位置也蛮好。但是还有几个问题比较棘手，第一个是因为当时交通不像今天地铁这么方便，交通上还是有些问题，自己有车子的人不多，交通不方便；第二个是建设经费需要学校自己筹集。经过董事会领导的联系，让温州商人来投资，后来也没有谈成。这样就一直卡在那里，从 2009 年开始，学校班子每年都有几十次的讨论工作，但是最后都没有进展。

2012 年，我担任校长以后，新校区建设就是一个非常迫切的问题。经反复权衡，我提出停止在桐庐建设新校区，另找合适的地点。因为拖的时间太长，同时也没有任何进展。到 2013 年暑假，大家逐步统一意见。9 月，经过省政协主席会议同意，项目正式停建。

在这种情况下，杨汛桥镇党委书记孙爱宝和镇人大常委会主任陆兴法，还有精工集团的老总金良顺和浙江电子工程学校的校长陈水富到我办公室，希望能够一起合作。当时一致的方案是政府出土地、企业出钱、学校负责办学。浙江电子工程学校原来就是浙江省电子工业学校的教学点，1996 年开始合作，大家也很熟悉。杨汛桥镇离学校相对来讲也比较近一点，并且即将开通杭州直达的地铁，另外杨汛桥的经济比桐庐好。我先和毛书记沟通，她表示可以继续洽谈。

此后我和他们进行了几次洽谈，很快就达成了一致意见。考虑到新校区建设较为敏感，所以我要求教代会讨论通过再实施，结果教代会也是高票通过，大家都很支持。我们把情况跟陈加元主席汇报以后，他很高兴，也很赞成，说这个地方可以去，说树大到绍兴，本来就是"鲁迅回家"。陈主席对学校工作很支持，后来在谈的过程中还去过两次，包括出席签字仪式。虽然最后杨汛桥校区的建设是和柯桥区政府合作，但精工集团也作出了许多贡献。柯桥区委、区政府和精工集团对学校的支持，我们不能忘记。

在新校区建设过程中，我们克服了种种困难，第一个问题是建设周期问题，当时是宝业集团中标，虽然建设时间那么紧，505天，但经过努力创造了树大速度，从质量上看也还可以的。从建设管理角度来讲，对我们也是一个考验，学校班子特别是分管的童国尧副校长、基建处负责人都做得很辛苦，付出很大努力。第二个问题是2016年要交付使用，我们倒逼各项工作，9月要进场的，这样又倒逼我们的工程。所以我们当时组织了一个团队，经过揭榜招聘，派冯淑娟同志带一个团队过去。当时条件很艰苦，没有水喝，没有饭吃，没有空调、电风扇，他们想了许多办法，克服重重困难，安排搬迁布局。正是这几个人提前过去，使得新校区一期顺利启用。后来杨汛桥分房子，分房小组提出对这些人给点优惠分，我感到是需要的也是应该的。因为他们如果不过去，10月实际上是用不了的。第三个问题就是经费问题，我们这几年通过协调，总体来讲（经费水平）还是可以的。我有个想法，办学主要还是要靠自己，所以希望能够有一点积余，办点发展的事情。从这个意义上来讲，我们这几年还是准备了一些经费，花费几个亿还是没问题的。

新校区一期建好了，我们马上申请，把许可证拿到了，这是我们学校第一次获得教育部颁发的办学许可证,距本科院校的许可证要求整整过了13年。许可证是民办院校办学的法律证件,没有许可证很多事情都办不了,现在我们终于有了。

就学校的发展来说,有这么一个好的校园,现在来看也挺不错,我是每次去转都舍不得走,觉得这个地方空气好,有那么大的花园,草坪好几块,这在我们拱宸桥校区是没法想象的。更为重要的是,新校区的建设完善了办学条件,为学校未来的可持续发展奠定了良好的空间环境。

陈:您既是一个学校的校长,又是一位民办高等教育的专家学者,理论与实践,您是如何做到完美结合的?

徐:民办高校的校长,既是董事会的决策参与者和执行者,也是学校内部事务的决策者,这就需要更多地发挥学校的主动性和创造性,需要做些研究。校长不仅要懂得教育规律,研究学校自身,还需要了解和掌握法律、政策等。

2000年以前,学校没有科研,我到这个学校之前也没有一个课题,文章倒是有三四篇,中专那种文章,跟我们今天的研究论文相比根本不是一码事。也没有任何科研经费,也没有奖励,什么东西都没有。所以在这方面也是从头开始,逐渐探索积累。尤其是当了校长之后,感觉到从工作当中,特别是像我们这样一个国家,在公有制体制下办民办学校,在公办院校"一统天下"的状况下发展民办学校,这些都要求我们对民办学校有所研究。所以我的研究从2000年开始,就是从加盟浙江树人大学开始,很多研究自己感觉是带着问题、带着思考的研究,可以称之为感悟或者探索。

我研究的内容主要也是与工作相关的,基本上都是民办院校研究。研究从校内做到校外,甚至做到与国外院校的比较,都紧紧围绕民办高等教育的发展、民办学校的发展和我们学校自身的发展，这样很多的研究就能付诸实践。比如说，最早的时候我提出来民办高校开展科研的问题、队伍建设的问题，我这本书（《民办高等教育研究二十年》）研究得比较多的是我们学校发展当中的问题。第一篇就是浙江省民办高等教育的发展，那是我们一个发展环境的问题。第二篇是队伍建设的问题。当时我在管教学的时候，我们学校一共只有专任教师 15 人，没有高级职称教师，这样一个学校怎么办？所以 2000 年、2001 年我们就研究队伍，提出来要达到 70% 左右专任教师，这个提法算比较早的。然后，又提出包括我们应用型人才的培养、教学服务型大学、行业学院等，包括我们的科研工作。从这一系列研究中可以看出来，它实际上是跟工作密切结合的一种研究，虽然水平不是很高，但基本上都是问题导向，有的也公开发表了。因为"知网"有些没有收录，我看外网，共收了 140 余篇，其中 46 篇是 C 刊，另外核心期刊加其他还有 16 篇，还有 10 多篇被转载了，一共 160 多篇。另外，在我们学报上发了近 50 篇文章，这个占的比例比较大了。我的文章都是自己独立完成的，是工作中的有感而发。

当然，我的大量研究都是工作总结，也谈不上什么学术高度，尽量想通过研究知己知彼，使我们学校的发展少走弯路，能够得到更多的资源，实现又好又快的发展。这些研究也占了我不少的时间和精力。我已经养成习惯，虽然我没在学校吃过早饭，但是我一般 7 点钟左右就到办公室，清洁工都知道，我比他们早。第一个是养成思考的习惯、研究的习惯，第二个就是养成利用时间的习惯。

陈：在您的校长生涯中，印象最深的事有哪些？

徐：首先我感觉成功的事情都不是一个人做成的，都是团队、班子和全体教职工的努力，还有过往领导的积累，我只是尽了一个时任校长的职责。我感觉在当校长的时候，沟通工作做得比较好，经常主动到其他领导办公室，听取大家的意见，集中大家的智慧。我经常找班子的同志沟通，进一步消除顾虑，沟通思想，相互启发，大家团结一致才能把事情做得更好。其间值得回忆的事情比较多，如果要讲印象最深的有这么几件。

第一是新校区的建设。新校区的建设为学校的未来发展打下了一个很好的基础。现在我们那边（新校区）有800亩，这边（老校区）有400多亩，实际上那边800亩还不止，因为那些河道都不算，属于公共的。校园虽然稍微远一点，但是随着地铁的开通以及城市化的推进，实际上（通勤）用不了多长时间，那个地方基本上都融入杭州了。所以总体来讲还是不错的，为学校长远的发展奠定了一个基础。里面的设施也很不错，游泳池、游泳馆都有了，学校里建游泳馆现在都控制，我们后来是以跟区里合作的名义才建的。

第二是医学院的创建。医学院也是从无到有的，我们自身根本不具备条件。2018年，我们与树兰医院在护理合作的基础上提出联合举办临床医学专业的构想，我记得是3月9日上午，我们在树兰医院召开护理学院的理事会，其间就谈起过举办临床医学专业的可能性。之后，双方进行了初步洽谈，因为都有办学的愿望，所以一拍即合。从3月10日开始至6月中旬，双方领导班子经过多次慎重而友好的协商，最后达成一致，6月开始，我和章书记多次向省政协领导作了反复沟通和汇报，最终得到支持和默认。当然，最大的支持来自教育部高教司领导，2019年3月正式批准了我们的申请。2019年12月，我跟宋斌老师在成都开会，高教司领导在会上专门提到这个问题，说这个学校办得不错，我们就同意批给他一个临床医学专业，说明我们对这所民办高校的信任，我听了自然很高兴。临床医学这个专业，按照教育部副部长林蕙青的说法，只同意"211""985"学校办，其他学校一般不批的。我们既不是"211"，也不是"985"，可想难度之大。这里面的过程也是很艰难、很曲折的，障碍也很多，但是最终我们办成了，主要靠体制优势。当然，医学院要办好也不容易。我们现在来看，临床医学专业对我们学校今后的学科发展，会带来一个非常好的条件，并且对一些高层次人才的引进、科研工作都会起到很重要的作用。

第三是行业学院的创建。我们是 2015 年提出创办行业学院的，教育部是在 2020 年底提出办产业学院的，我们提出这一理念是比较早的。目前 14 个行业学院也较好地发挥了作用。对学校今后的发展来说，行业学院也是一项奠基性的工作。

总之，临床医学专业的设立和行业学院的实践，是学校人才培养改革的重要探索和成果。2014—2019 年，我校在教学科研方面的进展是巨大的，连续 5 年蝉联武书连民办高校综合排名第一，就是一个显著的例证。当然，校长工作是学校方方面面的工作，比如队伍问题、经费问题，包括我们教职工的待遇问题等等，一系列问题都要考虑，但是我感觉这几个方面相对来讲，通过大家的努力，做得非常出色。

陈：担任校长期间，您最重视的一项工作是什么？您是如何抓的？

徐：担任校长期间，我感觉最重要的一项工作还是重视发挥教职工的积极性，或者称作提高教职工的主人翁意识。为什么呢？我个人感觉，我们虽然是一所民办学校，学校的资产实际上是公有的，不是个人的，但是大家对民办学校往往有一种印象，就是这个学校是老板的。在建新校区的时候，村里都流传说我发大财了，那么多的土地给我拿来了，他们两次开会说跟学校谈判要提高价格。所以我后来去开一个座谈会，来了 10 个村的村主任和书记，

情系树人

我说这个学校不是我的，不是个人的，这是公家的，这是社会的。当然我们也不能简单地说是国有的，这是有区别的。

这个学校的一个特点就是教职工是主人，所以我们再三强调，怎样稳定教职工队伍，提高教职工各方面的待遇，激发教职工的工作积极性，是我们比较重视的一项工作。也因此，很多事情都要教职工同意我才做，为什么？实际上这个过程也是一个动员的过程，一个激发教职工参与的过程。包括我们的分配制度、领导的酬金分配等等，在我担任校长期间，都按原来教职工代表、教代会通过的文件规定执行。后来新校区的分房，以及其他一些重大事件，我们都采用这个办法，让教代会来投票。包括我们想把教职工的待遇作一个实质性的安排，因为工作是教职工做的，经费是和大家一起努力收来的，教职工应该分享学校发展的成果。你不能老是一年到头造房子，希望教职工勒紧裤腰带跟在后面干，那不行。如果完全这样做的话也是做不好事情的。

在我任期最后（阶段），经过艰苦努力和反复沟通，我们争取了新校区372套住宅商品房按成本价给大家，这是一个挺大的红包。工作是大家做的，但是我也尽力了。

陈：您觉得树大最主要的特色是什么？对树大特色发展之路有什么建议？

徐：目前学校最大的特色，我感觉主要有两个，一个是省政协的特色，一个是民办的特色。省政协的特色是历史形成的，是学校的一大财富，是给学校带来声誉的特色。每年省里开两会，浙大是经常要讲的，要办好浙大等一批重点大学。还有一个就是树大，省政协报告每年都提到的，给我们学校树立了很好的社会声誉。在具体工作中也有很重要的无法替代的作用，比如说我们的队伍建设，我们的有关编制，这些问题省政协也帮我们做了很多协调统筹工作；还有新校区的建设，领导出面对我们的工作是很大的支持。特别是在学校发展的一些重大问题上，省政协帮我们把关、疏通和筹划，作用很大。

另一个特色就是民办的特色。办得好的民办学校，主要是民办特色运用得好。一是筹集经费，浙江省一般高校的经费拨款，我了解是生均12200元，项目经费主要集中在重点大学，我们的收费机制使得经费与一般高校相比好得多，这是"民办"的好处。二是政策相对宽松，我们可以根据学校发展自主安排项目建设，比如临床医学专业建设，如果在公办院校是不可能的。公办院校有自身的优势，但是民办的优势也很明显，如果我们抓住了并运用得好，对学校发展也是有利的。

对我们来讲，能办临床医学也是因为我们是民办，又是民办里的名校。我们跟名人开办的民间医院相结合，办一个临床医学，人家就容易接受。所以我们出去以后人家都感到很奇怪，你们学校没有医学，怎么批下来呢？办学报也是这样，我就不展开说了。所以这个就是体制给我们带来的一个好处。

陈：对于民办高校的未来，您有什么期待和展望？

徐：对未来的发展之路，我感觉还是要坚持，不要着急。办学是百年大计，是需要积淀的。我们还是要有一种韬光养晦的内敛气质，少说多做，扎扎实实把质量抓好，把我们的基础打实了，包括队伍的基础，包括我们条件的基础，也包括我们品牌的基础，如果基础能够打好的话，我们学校的特色就能够得到进一步彰显，我们的质量也能够进一步提高，未来的发展机遇我们也一定能够抓住。

情系树人

对民办学校的未来，我感觉要研究规律。总体来讲，只有办得好的、优质的私立大学才有发展的空间。我们要看到，我们民办学校也是党领导下的教育共同体的一部分，是整个高等教育的重要组成部分，如果我们能够抓住机遇，提高质量，跻身优质高校之列，应该说是有比较光明的前途的。与资本主义的私立大学和其他转型国家的私立大学相比，我们已经创造了奇迹，所以我感觉我们未来的前景还是比较好的，当然还有待于我们的办学积淀。在国外私立大学发展得好的国家，总有几所学校进入优质高校行列的，我们也要有这个目标和勇气。国内现在已经有许多民办高校在加快建设，争取走优质发展的路子，我们要走到他们的核心里面去，或者至少走到第一方阵里去。像西湖大学这样我们可能还做不到，但是我想至少是在第一方阵里面。对于社会排名，排第 10 名还是第 11 名，都不要过多计较，我们还是要把自己的事情办好，把我们自己认为对的事做好，踏踏实实往前走，能保持在第一梯队、第一方阵，那么有机遇来的时候，就能抓住机遇乘势而上。

总之，对民办学校，我们既要看到它体制方面的一些情况、一些短板，也要对它充满信念、充满信心，这样我们才能够把各项工作做得更好。

陈：您是学校校友会正式注册后的首任理事长，请您谈谈校友会的相关情况。

徐：校友，一般是指本校的毕业生，也包括曾在本校学习、任教或研究的人员。校友是一所大学的必然产品，也是学校培养质量的归宿。迄今为止，包括联合（合并）前各个学校的毕业生，我们已有 10 多万人的校友队伍，这既是我们对于国家的一个贡献，也是学校发展的一笔巨大财富。在这个群体中，既有叱咤风云的上市公司老总，如大华公司的傅利泉、双环传动的吴长鸿、微光电子的何平、华光新材的金李梅、浙大网新的张旭光、银江科技的王辉、零跑汽车的朱江明等一大批创业的领头羊，也有季永强等为代表的众多公务人员，他们都是校友的杰出代表。当然，大量校友都工作在国内外经济和社会建设的第一线，以平凡的工作为社会作出自己的贡献。

一所大学的社会地位、历史贡献与受尊敬程度，从本质上来说是由其校友体现的，民办大学更是如此。正因为有了这个认识，树人一直以来都有关心、关注校友的传统，学校与校友之间建立了良好的互动关系，很早以前就建立了校友会。最近几年，有关部门要求校友会到民政部门正式注册，我们学校的校友会是全省高校中较早获得注册批准的，并且我很有幸担任正式注册后校友会的首任理事长，在新的岗位为校友服务。

校友会成立以来的两年，正逢疫情肆虐，给各方面的工作带来了一些困难。尽管这样，校友会的工作还是通过各种渠道正常进行着。我们经常组织走访校友企业，了解他们的工作状态，分享他们的成功；我们及时通报学校工作，带去学校对校友的关怀，回应他们对母校的诉求；我们建立了校友相关微信群，召开了会长扩大会，建立校友之间交流的平台。校友与学校之间的关系有所加强，联系更加紧密，来学校担任创业导师、在学校建立奖助学金的校友也开始多起来了，工作初步有了一些成效。

校友会的工作主要有三个方面：一是广泛联络和凝聚校友，加强校友之间的联系，增进校友之间的感情；二是促进校友与母校之间的联系，为母校的发展作出贡献；三是促进校友事业发展，为当地经济社会发展作出自己应有的贡献。对照这个要求，目前工作做得还不够，一方面是受疫情影响，另一方面可能工作精力和机制还需要加强和完善，我们初步有一些计划。

一是加强组织建设，按照理事会章程和办会宗旨，积极做好会员发展工作。要在现有校友通讯录的基础上，继续进行校友资料的搜集和整理工作，完善校友数据库，及时和最大限度地努力掌握校友的基本情况，不断壮大校友会队伍，为开展工作打下基础。

二是强化校友服务，努力将校友会建设成真正的"校友之家"。要把服务作为工作的出发点和落脚点，通过扎扎实实的服务，为校友的成长成才、创业创新和创业交流铺路搭桥，为校友事业的发展推波助澜，进一步增强校友与学校之间的联系和情感。

三是服务学校发展，鼓励校友以各种形式反哺学校。当前学校正在抓住机会加快提质升格，学校的发展需要广大校友的努力、支持和帮助。广大校友不仅通过自身发展为母校赢得了良好的声誉，而且通过多种方式支持学校的人才培养、科学研究和学科专业建设，支持经济困难的学生完成学业和帮助学校改善办学条件。以后我们对这方面的工作会更加关注，希望通过校友会的工作，凝聚校友，更多地关注学校，关注在校学生，为母校建设发展添砖加瓦。

徐绪卿同志（右）接受采访

一腔热血铸忠诚

——现任校党委书记章清访谈录

【人物名片】

章清，1965年10月生，浙江萧山人。曾先后任浙江医科大学校团委书记、党委学工部副部长，浙江临海市人民政府副市长。兼任教育部思想政治工作创新发展中心主任、全国民办高校党建研究会副会长、浙江省党建研究会特邀研究员、浙江省科学社会主义学会副会长、浙江省马克思主义理论类专业教学指导委员会副主任、浙江省哲学社会科学规划"十四五"学科组专家，全国民办学校党建成果评审专家等。2001年起先后任浙江树人学院党委副书记、书记。

采访时间：2021年11月10日

地　　点：杨汛桥校区综合楼9楼接待室

访 谈 人：陈乐敏

陈：章书记，非常感谢您接受我们的采访！您来学校之前曾经在公办高校工作过,您觉得树大与公办学校有什么不同？您对树大的第一印象是什么？

章：学校是一所体制特殊的高校，它是一所民办学校，又不是一所典型意义上的民办学校，而是一所有特殊体制机制的民办学校。如果说学校与其他公办高校相比有什么不同的话，主要还是在于体制上的不同，就是整个领导体制和管理体制的不同。因为学校是由省政协主席王家扬先生以及一批省政协常委发起创办的，并一直在省政协的领导下办学和发展，所以在这方面跟一般的公办学校是有很大差异的。同时，学校实行董事会领导下的校长负责制，董事会的构成又非常特殊，不是以资产为纽带组成的，而是以如何有利于学校发展这样一个考虑来构建的。所以董事会不仅有我们常规意义的学校领导、校友代表、教师代表、企业代表，还有其他民办高校不具备的政府部门，最多时有 11 个政府部门作为董事会的成员。董事会对学校大政方针的决策和一些重大问题的把握都起到了非常关键的作用。所以我觉得这样一种特殊的体制，使这个学校具备了一种特殊的发展环境、工作环境和运行方式。

第二个不同是教师队伍的不同。公办高校的教师队伍往往都是自有的教师，而树大因为是社会力量创办，所以教师队伍一直以来都是以外聘为主，刚开始全部都是聘请公办院校的教师。随着学校事业变大，才逐步有了一些自有的教师，但是一直到现在都还有大量的外聘教师。这种特殊的教师队伍构成，对整个学校的学科建设、专业建设和人才培养的方式会带来很大的不同。

第三个不同是学生群体的不同。由于各种原因，我们学校学生整体的入学成绩明显要低于公办院校，学生在培养过程中形成一些特点。比如，入学成绩相对较低，意味着他们整体的学习素养，包括学习方法、学习习惯、学习目标、学习动力等方面存在一定的不足。正因如此，如何对学生进行教育和管理、如何发挥他们的优势和特长、如何尽快补齐他们之前的一些短板，都需要认真去考虑。

总之，体制上、教师队伍上、学生构成上的不同，影响着整个学校发展的定位，也关系到学校各个方面的工作安排。

我于 2001 年受组织委派到学校担任党委副书记（2014 年 9 月开始担任校党委书记），至今已有 20 年了。说到对树大的第一印象，主要有三个方面。

第一，树大是一所很"有特点"的学校，包括领导体制上有一批老领导的关注。我刚来那时，学校的一些重要会议，老领导来得很多，省部级以上的老领导有时候会来七八个。老领导、老专家以及社会各界都很关注这个学校，这是一个特点。同时，在专业设置上也很有特点，比如国际贸易、装潢、家政和茶文化等等，学校根据社会需求来设置专业、培养人才。

第二，树大是一所很"有活力"的学校，这个学校做事情不像公办学校那样中规中矩，而是想到了马上就去做、去尝试，整体的活力还是很强的。人虽然不多，但是做起事情风风火火，很有战斗力，很有朝气，很有活力。

第三，树大与其他院校相比还是"有差距"的，不要说与我原来工作过的学校相比，即使与有一定办学历史的公办院校比，在学科、队伍、人才培养的成果等方面，特别是在科研上还存在一些差距。我刚来的时候，学校还只是专科层次，办学层次相对较低，还几乎没有学科建设的概念；教师规模也比较小，生师比挺高，教师做科研、开展社会服务的能力也相对比较弱。但也正因为有这个差距，我感觉这个学校很有希望，因为只要锚定目标，就能得到快速发展。从学校发展的历史可以看到，从 1984 年到 2001 年的 17 年时间，从一所"三无"学校发展到有 1 万多名学生、几百名教师、几百亩土地，这本身就印证了这个学校是有希望的。当时我就觉得，如果再经过一段时间

情系树人

的发展，这个学校肯定会有一个巨大的进步，这也是我能到这个学校工作并能一直坚守在这里的一个非常重要的原因。

陈：对于新时代的民办高校，您认为应该如何加强党的领导？

章：党的十八大以来，习近平总书记和党中央非常强调党对学校的全面领导。我们学校虽然是一所民办学校，但并不是一所纯粹意义上的民办学校，因为学校的创办者是省政协的领导们，学校的资产完全是公有的，绝大部分是国有的，教师大部分都是纳入事业编制管理的。从这个意义上讲，我们学校其实是带有非常强烈的公办院校色彩的，这是体制的问题。

另外，从党和国家对高等教育的一个基本要求来说，高等教育最根本的任务是培养人，在培养人的问题上是不可以有差异的。那么从这两者来讲，作为民办高校，特别是作为我们这样的一所民办高校，必须加强党对学校的全面领导，必须实现党对学校的全面领导，必须通过党对学校的全面领导来引领各项事业的发展。这是经过我们这些年的思考、探索、总结后认清和想明白的一个道理。如何在我们这样一种特殊体制的学校当中体现党对学校的全面领导，这些年已经完成了破题并探索出了一条路子。

首先，在决策层，高度重视党的建设，董事会作重大决策的时候，把学校的办学方向作为一个最重要的任务和最重要的问题去研究、去对待、去部署，始终强调立德树人和加强党的建设，确保学校的办学方向政治正确。

其次，在执行层，我们构建了党政联席会议制度，由党委书记和校长分别组织党委会和校长办公会，党委和行政共同决定学校发展的重大问题，根据议题由党委会和校长办公会分头进行研究，形成了共同决策、共同执行的机制，既提高了效率，又体现了党对学校的领导。在二级学院层面，学校也明确规定了党政联席会议制度，使党对学校的领导在制度和机制上有了保证。

最后，在基层，加强党对学校的全面领导，更多体现在基层，更多体现在政治领导、组织领导和思想领导。在政治领导上，学校推行了"以一带三"工程：第一个层面，通过党支部书记和基层教学组织交叉任职，体现党支部带动基层教学组织的教学团队；第二个层面，通过党支部、双带头人，通过党支部的政治堡垒带动科研团队的学术堡垒；第三个层面，以党建带团建，体现党支部带领班团支部的成才堡垒。"以一带三"工程体现了党对基层组织的领导。在组织领导上，我们一直在做的是"1+X"，即通过规定动作和结合实际的活动安排，强化对入党培养对象和党员的日常管理。在思想领导上，推出了"支部四日"，即通过支部学习日、党员政治生日、党员示范日和主题党日，把思想领导体现出来。

党对学校的全面领导不是一句口号，必须体现在具体的工作机制和工作制度当中，也体现在日常工作的落实当中。这些年我们学校已经探索出了一条路径，在各个层面都能体现党对学校的全面领导。

陈：您在树大工作 20 年，有没有哪些人和事让您印象深刻？

章：印象最深的就是王老，可以说没有王老就没有这个学校，没有王老一直以来的关心、爱护、支持，就没有学校的发展。特别重要的是，如果没有以王老为代表的树大精神的引领，学校也不会发展得这么好，这是我们始终要铭记并且不断弘扬的一件事。

其次是学校升本，2000 年由几个中专院校合并，以中专生为主体、以中专教师为骨干的一所专科学校，在王老和陈文韶主席的直接推动下，用不到三年的时间升格为本科，是学校十分难得的一个发展机遇。从学校发展的角度来讲，也是值得学校去认真总结的一个发展过程。

还有就是在几十年的发展过程中，进一步强化了省政协与学校的血脉情缘，我们是省政协举办的学校，我们要在省政协的领导下，在省政协的支持下得到不断发展，这也是我们学校特有的一种办学特色和优势，我们要把它继承好、传承好。同时要传承家扬精神，抓住发展机遇，延续政协的血脉情缘。

陈：您分管学校的干部工作，对于干部有什么样的期望？

章：党的十八大以来，习近平总书记非常重视干部队伍建设，对干部队伍建设提出了一系列要求，最具代表性的就是"三四五"，即"三个力"（政治判断力、政治领悟力、政治执行力）、"四个有"（心中有党，做政治的明白人；心中有民，做群众的贴心人；心中有责，做发展的开路人；心中有戒，做班子的带头人）、"五个思维"（坚持战略思维、创新思维、辩证思维、法治思维和底线思维），这讲得非常精辟。作为我们这样一所特殊机制的学校，中层干部除了要做到总书记的要求，还需要处理好几个关系。

一是内与外的关系，关键在外。所谓内，就是自己单位里的一个摊子、一点资源；所谓外，就是外部的环境、外部的资源、外部的经验。我们的处长、院长和书记必须眼睛向外，从外部找标准、找经验、找资源。

二是我与你的关系，关键在你。所谓我，就是自身固有的工作任务、工作责任，我们基本上都做到了守责；所谓你，就是别的部门、学科的资源。强调你，就是善于协同、善于交融、善于共享。

三是上与下的关系，关键在下。所谓上，就是上级的文件、政策和要求，我们当然要遵守；所谓下，就是自身的实际、师生的实际。我们必须将执行一般性的要求、政策与自身的实际结合，必须有自己的个性化执行体系（比如二级管理）。干部不要和下面争资源，特别不要和教师去争资源；不允许任何以权谋私、违法乱纪，各单位书记是第一责任人。

四是做与成的关系，关键在成。要强化目标导向，做成并积累经验、特色，凝聚信心和人心。

五是工与研的关系，关键在工。主要针对我们干部个人，大多数干部都是双肩挑的干部，这是高校干部的特点。但是作为干部，首先是做好本职的党政工作，绝不能用个人的业务工作冲击本职工作。个人的业务工作何时做，主要在业余时间。

陈：您对学校的未来有什么展望？

章：李鲁校长在建校三十七周年庆祝大会上讲的"五个坚持"，就是我对学校未来的展望。我希望再通过几代人的努力，我们学校能成为一所有特点、由社会力量举办、有社会影响力和社会声誉的知名大学。我觉得可以分"三步走"：第一步，希望学校尽快获得硕士学位授予权；第二步，希望学校能够成为一所名副其实的大学；第三步，希望学校能够成为全国知名的学校。学校用 37 年的时间走到了今天这个程度，可能还要再用 30 年的时间才能达到知名大学的目标，这需要几代人的努力。

章清同志（左）接受采访

一言九鼎践使命

——访杨汛桥校区建设亲历者朱国庆

【人物名片】

朱国庆，1971年5月生，浙江绍兴人，1993年8月参加工作，1996年6月加入中国共产党，在职大学文化程度。现任柯桥区城市更新办党组书记、主任。2014年9月1日，任浙江树人学院杨汛桥校区建设指挥部办公室主任兼杨汛桥镇政府党委副书记。

采访时间：2021年8月5日
地　　点：柯桥区城市更新办
访 谈 人：吴杨铠　金　晶

吴：朱书记好！您还记得当时接到建设树大杨汛桥校区任务时候的情景吗？

朱：当然记得。当时我还在杨汛桥镇政府工作，感谢区委、区政府信任，让我去建设树大杨汛桥校区。不过，当时在我看来，这简直是一个不可能完成的任务，因为留给工程建设的时间非常少。而树大已经明确 2016 年下半年要招生，招生计划已确定，这对我们而言无疑是一个考验。因此，从签约、建设到招生不到 2 年时间，给我们的建设时间仅有 14 个月。

接手任务后，我们专程到分管城市建设的副区长那里汇报工作。他说，第一，这个任务是光荣而艰巨的；第二，从专业角度来看，要完成这个任务非常不容易，但一定要想尽办法、抢抓时间、合理安排，完成这一项光荣的任务。树大是省政协创办的学校，省领导也非常关注，对柯桥区而言也是一项政治任务。

2014 年 9 月，区里正式任命我为树大指挥部办事处主任，当时我还兼任杨汛桥镇政府的党委副书记。我去的时候只有一个人，班子也需要自己搭建，后面选派了一个副主任，我们自己又选调了一些业务骨干，聘请了一些专业技术人员，就这样组建了指挥部办公室工作班子。学校也组建了以童国尧副校长为主要负责人的建设班子。我们两个班子合成一个团队，相互协作，解决了领导力量和专业技术力量的问题，共同开启了杨汛桥校区的建设任务。

吴：在杨汛桥校区工程建设中，遇到的主要困难有哪些？

朱：杨汛桥校区的建设工作困难很多，我和童校长，还有其他建设者，一同总结了建设中的四个困难。第一是最热的夏季。当时受到厄尔尼诺异常气候影响，夏季普遍是 39.4 度的高温。第二是最长的雨季。当时是 2015 年 11 月，受厄尔尼诺影响，绍兴整整下了一个月的雨，中间就晴了三天，为有气象记录以来雨水最多的月份，建设进度受到严重影响。12 月份刚开始没晴几天，雨雪天气又紧随而来，我当时还有感而发，写了一首打油诗《时雨感怀（2015.12.7）》："十一月份三日晴，愁煞工地建筑人。纸上计划成泡影，又见雨雪结伴临。"第三是最严寒的冬季。2015 年底遭遇了几场大雪，浙江下雪尤其是绍兴下雪，其实是很难得的。我记得当时是春节之前，12 月开始下雪，下了三场雪，这也让建设进度受到影响，我们只能望雪兴叹。没办法，经各方协商，只能让工人们先回家。第四是最严格的安保季。2016 年，G20 在杭州召开，尤其是空气质量抓得特别紧，很多有排放气体的工厂、混凝土厂、运输车辆等都提前被管控。我们这个项目当时特批走绿色通道可以施工，但是所有的混凝土厂都关闭了，运输车辆不能在马路上跑，建筑材料不能进来，真是没办法。这些困难使我们原来有限的时间变得更加紧张。

金：面对这么复杂的情况，你们采取了哪些措施来赶时间的呢？

朱：在指挥部工作期间，我考虑最多的问题是怎样把正常的建设时间缩短。一个基建项目从立项开始到正式施工再到建成，这个过程中，最有可能省出时间的就是前期工作。我们动了很多脑筋，原先需要半年完成的任务，我们 3 个月就做好了，节省了一半的时间。

第一个措施是创新招投标方式。施工建筑公开招标，一般流程会很长，大量的时间会浪费在施工图设计、编预算、编标、造表等方面。当时我们经过探索，创造性地提出了模拟清单招标——就是我们在初步设计图纸的基础上，适当作了一些深化，进行了扩充，然后在此基础上，请编标公司给我们

情系树人

编预算。我们一边在招标，他们一边在画图纸。按照要求，如果预算和施工图两者之间的预算差控制在 20% 以内，就说明我们的模拟清单是成功的，后来我们真的做到了控制在 20% 以内。我们每个模拟清单都做得比较扎实，经常探讨怎么定建筑的材料、品牌，我们大致框一下，最终编具体清单的时候，再选择其中一个就好了，基本上八九不离十。区里当时就我们这个模拟清单招标专门开了一个会，同意杨汛桥校区用模拟清单来招标，开了先河。

第二个措施就是桩基先行。先画桩基施工图，桩基施工图一幢一幢来，哪一幢先来哪一幢先施工，施工图纸审查一套，我们就施工一套，这样一来所有时间都在交叉进行。本来我们每一个建设项目都要等所有施工图纸都弄好，招标结束以后，施工单位看了整套图纸，再去安排施工计划。施工图纸审查一套，我们就施工一套，次序就是所有打桩的图纸先来，设计院全力以赴给我们画桩基图。这样的话一边打桩，他们施工的设计图照样可以画。这为整个施工节省了不少时间。

总之，模拟清单招标和桩基先行，这两项为我们节省了不少时间。当然，背后也凝聚了学校和建设指挥部的努力，在很多审批手续上，学校跑省级部门，我们跑区级部门，双方分工合作，在各单位支持下基本上都是走绿色通道。所以，后来省政协、省教育厅领导给予了肯定，说树人当时创造了浙江省高校异地建设最快的速度，校园规划设计非常符合江南绍兴特色。

吴：505 天完成杨汛桥校区建设，创造了让人叹为观止的"树人速度""柯桥速度"，在保证工程质量的前提下，高速、安全、有序推进施工进度，您认为我们主要赢在哪里？

朱：思想上，多次召开誓师大会，凝聚人心。在施工推进的过程中，特别是碰到了前面提到的四个困难，影响了很多施工时间和计划。但是，我们非常清楚，为了保证顺利开学，时间必须争回来，因此我们发起了"百日攻坚"等活动，摇旗呐喊，鼓舞士气。工人们早上 4 点就开工了，晚上 12 点工地上还灯火通明，这种建设精神难能可贵。2015 年春节，本来计划工人们不放假，后来因为大雪，就放了几天假，大年初六开工。我们基本没有休息天，双休日也经常在施工现场，2016 年夏天我晒得又黑又瘦，去新单位上班的时候，大家都笑称来了个"黑镇长"。

作风上，经常深入工地一线，现场办公。建设指挥部和树人团队基本都跟工人在工地一线上班，对施工单位提出的问题，我们内部马上统一思想，马上给出答复，大大提高了工作效率和推进速度。当时指挥部、学校、施工单位一起建立了一个每周工作例会，对上一周完成情况进行分析，对下周工作计划进行规划安排，对碰到的问题集体研究、充分讨论、科学决策，工作抓得非常紧凑，气氛也很融洽，不存在业主单位、施工单位的区分，大家的目标一致，就是为了实现 2016 年下半年招生的目标，抓进度、抓质量、抓安全。整个建设过程没有出过一次安全事故，而且在全市项目竞赛中，杨汛桥校区建设工程被作为一个展示项目，市四套班子主要领导、各个县市区四套班子主要领导，都到校区现场参观，展现我们建设的速度和效果。绍兴市委主要领导给予一致肯定，认为这个工程体现了树人速度、柯桥速度。

形式上，做好两个全程跟踪，保驾护航。第一个是设计单位全程跟踪。校园设计单位浙江省直建筑设计院派专班进入树人指挥部，全程跟踪工程进度。我们碰到一些问题需要设计调整，他们马上出图纸并签署意见，因为在很多施工过程中，我们这个工程是模拟清单招标，在施工图没有健全的情况下，有很多问题是需要设计单位出具意见、重新画图纸的。第二个是审计单位全程跟踪。为了确保这个工程是廉洁工程，我们一开始就请了一个审计单位，跟踪审计每一笔付出去的建设资金。每个月的工程量由审计把关，该有的说明全部摆在桌上，让监理、学校、政府、审计、施工五方都认可，所以到后来，我调离这个岗位后，整个学校建成后的审计，都没有一个人打电话给我，要我去说明情况的。这说明我们在日常经费、建设资金的使用过程中，做得确实比较规范。在以往的工程项目中，设计单位和审计单位全程跟踪是很少见的。

情怀上，宝业集团比学赶超，担当作为。宝业集团不仅是为了完成任务，更是不计较利润，想的就是怎样为自己的家乡建好一所大学，怎样在自己家乡留下建设者的烙印，保质保量完成施工任务，最终宝业的树人建筑工程获得了浙江省"钱江杯优质工程奖"。宝业对这个项目十分重视，没有采用项目经理承包制，而是公司直营制。直营制就是所有人员都采用发工资形式，而不是赚多赚少是项目经理的事情。不采取项目经理承包的模式，而采取公司直营的模式，就是为了体现企业的重视。公司还派了即将退任的董事长元老级领导担任项目总负责人，配上几个年轻骨干担任工区负责人，足见他们对杨汛桥校区建设的重视。这三个选派的年轻骨干开展了施工竞赛，在竞赛中比安全、比质量、比速度，这对整个施工建设进度也有正面推进作用。大家既有分又有合，全身心扑在工程建设上。

吴：在整个建设过程中，让您印象最深或者最难忘的是什么？

朱：在一期建设过程中，与树大的合作比较融洽。首先，我对徐绪卿校长的印象最深。他每周都会来工地视察，虽然日常工作很忙，但依然时刻关注学校的建设情况，主动跟区里主要领导沟通，有效对接，在一些棘手的问题上处理得很灵活、很合理，在校区建设上也很有发展眼光，可以说徐校长对杨汛桥校区的建设发挥了主要作用。

其次，我觉得树大人的工作作风也非常务实。学校抽调了校园建设处的几位骨干参与新校区的建设，在童国尧副校长的带领下，在工地上摸爬滚打、吃苦耐劳，而且工作效率很高。我跟童校长对待工作的态度都是求同存异，大事商量着办，小事包容着办，两个人配合比较默契，所有决策都在工作会议上明确，这样，学校与政府之间基本上没有发生什么矛盾冲突。另外，还有后面进驻校区的管委会。管委会的运作模式很好，作为一个运行高效的综合部门，协同协调处理各方事务，高校的教育模式和运行情况中的一些细节问题、实际情况，跟我们进行了密切的沟通交流，提出了很多建设性的意见和建议，使我们的工作更完美。所以我觉得我们一期的建设非常融洽，相互理解，相互尊重。

区委、区政府领导对校区的建设都非常重视，对我们施工建设的一些审批手续全部开绿灯。这个任务从一开始的不可能完成，到现在的出色完成，没有区委、区政府的大力支持，领导的高度重视和部门的全力配合，确实是很难推进的。

杨汛桥街道也为校区建设做了很多工作。杨汛桥街道对校区门口路网的建设，是在很短的时间内把土地调整好，我们指挥部和路网建设、交通部门等单位进行路网拓宽改造，把村道改造成水泥大道；在连接线拐入学校的路口改造了一个公园，使学校的出入口有一个比较好的形象。这些都是额外工程，是我们当地政府在积极做配套建设。

杨汛桥街道对这个项目的土地拆迁工作也非常努力，这里原本是一个风险企业的厂房，跟老百姓有着千丝万缕的联系，当时要搞一个奠基仪式，省里市里很多领导都会来，可我们周边村民还有不少问题没有处理好。为了保证奠基仪式能顺利进行，镇党委书记就没参加仪式，而是坐镇村里的会议室，

情系树人

解决村民提出的问题。还有工业小区拆迁，这个小区每年的租金收益就有几百万元，村里老百姓都不同意拆迁。当时村里的书记、镇里的联系领导分头给各家各户做工作，开了很多动员会，统一思想，最终问题也都得以妥善解决。

校区建设指挥部的建设资金很紧张，对校园的绿化想了很多办法，尽可能使校园的绿化更加丰富一点。植树节前后，为发动社会力量来关注杨汛桥校区的绿植建设，由《柯桥日报》社牵头，策划了种植樱花树活动，主题是"我们的樱花林"，号召有意愿的家庭带着小孩来我们校区种下一片樱花林，种下一个希望。这个樱花林跟武汉大学的樱花林一样，郁郁葱葱，常盛不衰。这个活动当时很轰动的，《柯桥日报》作了多次报道，很多家庭带着小孩来种樱花树并挂了牌子。另外，区里党政军领导、区团委及社会团体也来校区种树。总之，我们到处拉赞助，让大家踊跃来校园里种树，效果很好。

还有特别让人感动的是精工集团金良顺总裁，捐了 2 个亿用来建设我们杨汛桥校区。

金：您作为杨汛桥镇政府领导参与树大新校区的建设，有什么特别的感受？

朱：经过大家的共同努力，现在的树大杨汛桥校区，青砖乌瓦，小桥流水，绿树成荫，呈现一派典型的江南园林特色，让我特别有成就感，这也是我多年工作经历中最浓墨重彩的一笔，这段工作经历意义非凡，让我受益匪浅、终生难忘。

2016 年 8 月，在离杨汛桥校区开学还有一个多月的时候，区委对我的工作作出了新的安排，调任新的岗位。但我有时间还会回来看看的，因为这是我倾注了大量心血的地方，也是让我引以为自豪的地方。希望学校尽快尽早成为一所综合性一流高校，发挥高校的人才优势，为地方产业的培育、发展提供更多的高校智慧，使我们绍兴柯桥的产业建设更有特色。

朱国庆（左）接受采访

情系树人

一见如故树人情

——访田湘军老师

【人物名片】

　　田湘军，1949 年 9 月生，湖南平江人，档案专业副研究馆员。1987 年 2 月到校工作，历任校办秘书、副主任、主任。其间建立学校档案工作制度，保证学校各部门的各类档案及时归档。曾任贺田图书馆馆长及新树大图书馆负责人。参与董事会工作，曾任学校第四、五届董事会秘书长助理及第六届董事会副秘书长。兼任人文学院文秘专业《文书工作与档案管理》课程的首任讲师，至今仍担任该课程论文写作的指导老师。

采访时间：2022 年 11 月 9 日上午

地　　　点：拱宸桥校区行政中心 306 接待室

访　谈　人：陈乐敏

陈：田老师，很荣幸今天能邀请到您来做"口述树大"的访谈。

田：我也非常荣幸。我退休离开学校已经有一段时间了，但还是和学校的师生有所联系，对学校的事情也一直非常关心。口述历史，是一件可以激励我们学生和老师的好事情。

陈：学校刚创办时非常艰难，您还记得来到树大后做的第一件事吗？

田：我刚来时，我们学校叫"浙江社会大学"，1985年正式改名为"浙江树人大学"并开始招生。我到树大以后，一个非常强烈的感觉就是学校很不容易。当时地方很小，就两层楼，一层楼有个大厅，占了一半的地方，我们的办公室、财务管理、后勤管理等都挤在一起。

当时学校虽然很小，但已经有些材料了，只是这些材料全部都堆在桌子上，要取用时非常不方便。恰巧那时我在读电大的档案管理专业，已经有一年多了，我就和领导说，我是学档案的，建议学校把综合档案室建起来，这些初始的东西如果遗失了，以后就找不回来了。当时学校就出了一个文件，成立综合档案室，当时我还参加了浙江省高校的一个档案工作会议。那时候，很多老师都是从浙大、杭大、电子工业学院和商学院等学校请来的，他们的聘书也都被保存下来了。这就是我来树大后做的第一件事情，也是我引以为傲的事情，毕竟树人大学最早的那些宝贵的历史资料都保存在这些文件里边了。

陈：您在树大担任过哪些职务？作为贺田图书馆馆长，您见过贺老吗？他留给您印象最深的是什么？

情系树人

田：我是 1987 年到校办工作的，刚开始当秘书，1991 年当校办副主任，1995 年当主任。我的入党介绍人是孟云生先生，他是王老的秘书。另一位入党介绍人是树人大学管后勤的南方坚老师。我因为在做一些董事会秘书的工作，他们觉得我工作很仔细，也非常认真，又谦虚谨慎，所以我很幸运地成为第一批专职工作人员。当时工作人员的编制只有 15 名，其他大部分人员都是外聘过来的。其实 1986 年时贺田副董事长就提出，老师不能都从外面请，一定要培养既热爱学校、又有本事的人，忠心于我们树人大学，忠心于我们的教育事业。

我到图书馆当馆长，是很多年以后的事情了。1987 年，国家教委副主任杨海波到树大来考察。大概是 1993 年，贺田先生来参加学生的毕业典礼，并向毕业生赠送了 100 支精致的派克水笔。1994 年 10 周年校庆的时候，贺田先生跟香港的闻儒根先生送来手表，还有各种各样的小册子，还有钱什么的。那时，我因为在忙工作，只是简单地与贺田先生问了一声好。那时候他也很忙，但总是笑眯眯的。

我见过贺田先生三四次，他留给我的印象是非常务实，对学校的发展非常关心。贺田图书馆建立的时候他很开心，给学校送了 3000 本小册子，是他随身带来的。贺一诚先生我也见到了，带着他新婚的妻子过来的，他事先已经给学校捐了 20 万港币。

贺田先生确实很想帮树大，并希望有越来越多的人来支持我们。他对学校也很有感情，给首届毕业生讲座就讲了一个多小时。

我和他见面的时候，他问我是学校的工作人员吗？我说是的，刚来不久，在校办当秘书。他说："年轻人好好干，坚持下去一定会有成就的！"他鼓励我好好工作、努力工作。很简单的几句话，但是这种关怀和鼓励，让我很感动。

那时候的他，中等个子，头发花白，但是精神很好，咚咚咚跑来跑去的。这次贺定一女士来访，也讲到了她爸爸为树大的桌椅板凳奔走的事情。

贺田先生看到我们年轻人就会给予鼓励，特别是对优秀的学生，他是真心喜欢，总是拍拍他们的肩膀，鼓励他们好好学习、努力成才。所以，我们不会忘记他，因为他是一个非常好的人，一个非常热爱我们学校的人。

陈：您认为树大创办到现在，最宝贵的是什么？

田：从树大创办到今天，我是非常有感触的。凡是到树大来工作的人，首先一定要有一颗爱校的心，否则是留不住的。我在这里工作几十年，虽然已经退休，但还想争取再工作几年，我始终不想离开树大。一是树大培养了我，二是树大也比较认可我。从1987年以后，董事会工作会议的筹备和联系，包括会议布置和迎来送往等工作，都由我负责，我是第四、五、六届董事会的副秘书长，连任了三届。

我认识的老领导很多，首任董事长王家扬先生、首任校长周春辉先生、陈法文书记、毛树坚副校长、冯孝善书记、陈子元、陈文韶等。法文书记也当过我们的董事长。退休时，我觉得还有好多事情没有做，还想再做点事，比如有关校史的工作。文韶董事长和我们校领导讲了以后，我又延长了两年工作时间，正式返聘回学校。

我还在学校很多科室工作过，比如学工处、国际交流处等。在国际交流处工作的时候，美国西北理工大学和我们学校签了协议，可以让我们的学生到那边去学习。总之，只要能为学校做点事情，我都很乐意，退休后与人文学院还一直有联系，坚持带毕业论文。

四校联合是在2000年，朱红缨在人文学院当副院长，让我开一些关于学生就业和档案方面的讲座，从 2000 年到 2022 年，我一直在人文学院上课、指导毕业论文。有个学生，我不记得他的名字了，他运用我在课堂上讲的一些知识，解决了他们公司的档案管理问题，还创造了一个与企业合作的机会，他本人也成为董事长助理，这是非常不容易的，我听了非常欣慰。

从树大发展的历程看，我觉得最可贵的是"树人精神"，就是艰苦奋斗、永远向前的精神。党的二十大以后，第二个百年历程已经开始。现在形势很复杂，更需要有定力，要干好我们自己的事情，党中央的精神我们要坚决贯彻，要继续创业，使学校进一步壮大。现在我们要申硕，再接下去要申博，这当然需要大家一起努力。

陈：您希望未来的树大发展成什么样的大学？

田：学校经过几十年的发展，留下很多宝贵的东西，希望大家做点研究，把树大精神进一步提炼出来，这样我最希望的。同时期待看到我们学校硕士教学点的成功开设，并希望我能活得更长一点，看到我们学校博士点也申请下来，实现名校民办，让树大成为民办大学中最值得骄傲、最有成就的一流大学。

陈：作为一名老校办主任，您对校办工作有什么建议？

田：我想，我们要珍惜每一份材料，哪怕是我们领导的一个工作笔记，比如哪一位领导某些工作很出色，就要采访记录；还有一些动态，我们办公室要提前掌握，给校领导好的建议。我今天就有一个建议，就是把我们董事会历届发展史写出来。

田湘军同志（左）接受采访

情系树人

第三篇

树人之情

春蚕吐丝，风清果硕无私赠

故园含情，毓秀钟灵万古长

参天之木，必有其根；怀山之水，必有其源。在树大40年的发展征程中，创业者们前赴后继，洒下了一串串"为国植贤"的深情汗水，留下了一个个"为党育人"的浓情故事。当我们无比自豪地回望正意气风发的四秩树大时，会情不自禁地想起为学校的昨天奉献了无数心血的众多拓荒者、创业者和自始至终默默关心和支持学校发展的社会各界人士。站在这个学校发展新的里程碑前，我们深情缅怀学校创始人、奠基者、永远的名誉校长王家扬先生，深情怀念几十年来一直热情关注并给予学校强有力支持的贺田先生……

· 王家扬先生的树人情缘

王家扬（1918年3月12日—2020年1月19日），浙江宁海人。早年参加革命，历任浙江省委常委、宣传部部长、杭州大学校长、副省长、省政协主席等职。曾任浙江树人大学第一、二、三届董事长，并兼任第三任校长，学校终身名誉校长。

2020年1月19日，他悄然走了，从此永别了他挚爱的亲人和他深爱的世界，永别了他为之付出了毕生心血的事业和学校。百岁老人，百年树人，先生一生心系教育、情系树大，在树大的历史上，在树大人的心中，树起了一座永远的丰碑……

熱愛樹大建設樹大

王家扬

情系树人立丰碑

　　1984 年，面对浙江经济社会快速发展而人才缺乏的窘境，时任省政协主席的王家扬同志发挥敢闯敢试、敢为人先的精神，联络一些知名人士和有识之士，在无校舍、无师资、无固定资金来源的情况下，不畏艰辛，知难而进，筹建创办了浙江树人大学。为了学校的生存和发展，王家扬先生以其特有的人格魅力，充分发挥省政协办学的优势，四处求贤，多方筹资，在他艰苦办学精神的感召下，查济民、王宽诚、王强华、贺田等一批港澳台爱国人士、慈善企业家、社会贤达纷纷捐款捐物，为学校发展奠定了初创期的物质基础；陈子元、周春晖、邓汉馨等一大批知名学者也积极投身民办教育事业，共同为学校的发展出谋划策，助力浙江树人大学规范办学并逐步实现内涵发展。

　　王家扬先生历任树大第一、二、三届董事长，并兼任第三任校长，退居二线后任学校终身名誉校长。他十分关心学校的发展，1989 年为舟山东路校区建设奠基，1993 年教育部高校设置评估，2000 年新树大成立，2003 年学校升本成功，2004 年陪同时任浙江省委书记习近平来校视察，2008 年、2014 年两次向学校捐献名家字画，2009 年捐资设立"王家扬树人奖学金"，2014 年共商杨汛桥校区的建设，2017 年亲临杨汛桥校区视察，2018 年教师节致信学校师生"为中华民族百年复兴建功立业"……在学校发展的每个重要节点，都有他忙碌的身影，都倾注了他无数的心血。

王家扬先生心系教育、情系树大，在树大人心中树起了一座伟岸的丰碑。他为国植贤、为党育人的担当精神，敢为人先、特色办学的创新精神，倾情教育、心系树人的敬业精神，淡泊名利、无私忘我的奉献精神，激励着一代又一代树大人不断勠力前行。

栉风沐雨，锐意果敢坚强；桃李天下，滋兰九畹芬芳。崇德重智，是始终不渝的追求；树人为本，是矢志不渝的担当。我们将继承和发扬王家扬先生留给我们的宝贵精神财富，继续发挥社会力量办学的优势，瞄准建设全国民办名校的目标，努力为经济社会发展培养合格的建设者和可靠的接班人。

情系树人

浑身是火　一生光明

——深切缅怀王家扬先生

章　清[①]

　　2020 年 1 月 19 日，一根辉煌了 102 年的蜡烛燃到了尽头，浑身是火，一生光明。2020 年 1 月 20 日，一场极为简朴的告别式在殡仪馆进行，没有花圈，没有挽联，没有悼词。2020 年 1 月 21 日至 22 日，他的骨灰在家人的护送下，走过西湖，走过树大拱宸桥校区，走过宁海老家，走过天台茶园，走过树大杨汛桥校区……最后撒在青翠的茶园中——这就是我们的王老，生前驷马十驾，风生水起，身后至朴至简，归于自然。今天是 3 月 12 日，植树节，也是王老的诞辰纪念日。云山苍苍，江水泱泱，先生之风，山高水长。

　　王老出生于浙江省宁海县，1938 年 10 月参加革命工作，1939 年 6 月加入中国共产党。无论是在革命战争年代、和平建设时期，还是在改革开放新

[①]　章清（1965 年 10 月—　　），曾任浙江医科大学团委书记、学工部副部长，临海市人民政府副市长（挂职）等职务。兼任全国民办高校党建研究会副会长、浙江省党建研究会特邀研究员、浙江省科学社会主义学会副会长等职。2001 年 2 月起担任浙江树人学院党委副书记，2014 年 9 月起任浙江树人学院党委书记。

校领导徐绪卿（左一）、章清（右一）看望王家扬先生（中）

时期，他都保持了一名共产党员的优秀品格，把毕生精力奉献给了党和人民的伟大事业。他一生光明磊落，胸怀坦荡，克己奉公，坚持原则，对党和人民无限忠诚，是一名优秀的中国共产党党员、忠诚的共产主义战士。

百岁老人，百年树人。36年前，改革开放的春风吹拂中华大地，巨龙腾飞，百业待兴，国家建设急需大量人才，社会上对加强高等教育建设的呼声很高。倪宝珊、孙延年、冯孝善、毛树坚4位第五届省政协委员联合倡议建一所民办大学，时任省政协主席的王老以"为国植贤"为己任，敢为天下先，四处奔波，八方纳贤，实地考察，致力于教育改革，倾情倾力推动民办高校筹建。1984年，浙江第一所、全国最早成立的民办高校之一——浙江树人大学应运而生。

"20年的时间，通过新体制，特别是通过一批老领导、老教授、老教师，通过社会的力量，建起这所学校，非常不容易！"那是在2004年教师节前夕，

情系树人

时任浙江省委书记的习近平视察浙江树人大学，他紧紧握着王老的手说："树人大学的发展证明这条路是正确的。"正是从不畏惧的王家扬先生，甘为人梯，用这一路的艰辛与坚持告诉我们：信念和精神可以支撑起宏伟的人生，"以人民为中心"的办学理念，能够支撑起学校一路的传奇与辉煌！而这背后的精神也在不知不觉中成为了树人精神，这种精神背后永远都有一个响亮的名字——王家扬！

"心线正直，表里通红。浑身是火，一生光明。风吹不熄，磊落始终。"这正是王老一生真实的写照，永远值得全体树大人缅怀！王老的精神，将在每一位树大人身上传承！

2020 年 3 月 11 日

弘扬家扬精神，办高水平民办大学

——追思王家扬先生

李 鲁

今天我们在这里召开王老追思会，深切缅怀这位世纪老人，传承他"浑身是火，一生光明"的高尚品格和"为国植贤、情系树人"的初心奉献。王老历任浙江树人大学第一、二、三届董事长，并亲自兼任第三任校长，学校接力棒传到我手上已是第八任。今天我想从来到学校后学习到的与王老有关的三封"信"，谈王老留给树大的精神财富。

第一封信是1984年8月省政协委员莫干山学习班后写给时任省政协主席王老的信。信中分析当时浙江"每万人中受高等教育的人数、高中毕业生升大专的入学率等都处在全国平均水平之下"，浙江高校数量少是因为"高考录取分数居高不下"，"大家认为（也是建议）省政协可以利用自身的人才优势，创办一所民办大学"（冯孝善书记就是执笔人之一）。王老收到信后，十分重视创办树大的建议，在他的主持下，省政协当年10月就向省政府递交了《关于请求批准武林大学建校方案的报告》，王老又在这份报告上作了重要批示。省委、省政府高度重视学校的创建。12月5日，省政府正式批复同意创建浙江树人大学。可以说，正是因为有王老，才有了学校的诞生。

第二封信是 1999 年王老写给时任浙江省委书记张德江和省长柴松岳同志的一封《关于加快发展高等职业教育的建议》。面对高等教育大发展，王老审时度势，及时建议"省委、省政府考虑，由省教委牵头通盘研究舟山东路十三所学校体制改革问题，联合将其办成一所省高等职业大学，并作为建立我省具有较大规模、较高水平的高等职业大学的试点"。这个报告直接促成了区域内四校联合，于 2000 年成立新树大。正是王老的这封信，让学校抓住了高等教育大发展的机遇，为学校的发展指引了应用型本科定位和职业教育方向。可以说，有王老，才有学校后来的大发展。

第三封信是 2018 年第三十四个教师节之际王老写给树大全体师生的信。时年 101 岁高龄的王老，在信中寄语师生要"为中华民族百年复兴建功立业"。王老的信对新时代树大办学提出了新期望、新要求和新目标，让全校师生备受鼓舞。

"三封信"的故事生动诠释了王老一生的树大情缘和王老本人期许树大的办学初心，那就是为人民办大学、办人民满意的大学！

今天我们在此纪念王老，最好的纪念就是把他留给树大的宝贵精神财富一代又一代地传承下去。

我们要学习并发扬王老为国植贤、为党育人的担当精神。从第一封信中可以看出，学校的创办正是为了解决国家建设急需大量人才和老百姓希望"有学上"的矛盾，创校的根本是为国植贤、为党育人。正是基于此，王老毅然担当起建校之重任，坚持树人为兴国之本。他忠告学生："不想认真读书的，别来；不能遵守校纪校规的，别来；不愿为社会作贡献的，别来。"对所聘请的老师要求："没有奉献精神的，不请；没有真才实学的，不要。"2002 年，在王老带领下，学校凝练了"崇德重智、树人为本"的校训。树大正是在王老的影响下，坚持用严谨的态度和严格的要求办学，全校师生"爱护树大、办好树大"，学校才有了较好的社会声誉。

我们要学习并发扬王老敢为人先、特色办学的创新精神。在改革开放初期，发挥社会力量创办一所收费、走读、不包分配的全日制大学，需要有敢为人先的莫大勇气和勇于创新的极大魄力。王老创办树大，开社会力量办大学之先河，令浙江民办高等教育改革走在了前列。建校初期，在"头无片瓦、身无分文、又无人员编制的情况下"，王老为学校建设四方奔走、八面呼吁。有人形容"跑断腿、磨破嘴、碰痛头、跌过跤、流大汗"就是当时王老的真实写照。为筹措办学经费，1986年，王老发挥省政协办学的优势，走访港澳委员，寻求办学支持。在王老的感召下，王宽诚、查济民、王强华、贺田等一大批港澳台爱国人士、社会贤达纷纷捐款捐物，为学校的生存和发展奠定了坚实的物质基础。王老在建校十周年的纪念文章中写道："当年，我们无校舍、无经费、无教师，有人说我们办的是'三无学校'，10年后的今天，我们已经是一所初具规模的高等学校了。"王老高度重视专业建设对经济社会发展的贡献，在全省高校中率先开办了园林、国贸、工商管理、装潢设计等专业，曾经有人说杭州的装潢设计行业中树人毕业生占据半壁江山。记得办学15周年时，柴松岳省长评价：学校的办学思想和方针是很好的，其中之一就是专业新，能根据市场需求来设置专业，做到培养和需求相结合，办得有特色。

我们要学习并发扬王老倾情教育、心系树大的敬业精神。学校实现什么样的发展、怎样实现发展，是王老始终的牵挂。为了营造社会力量办学的良好环境，他在全国政协会议上多次呼吁，两次向李岚清同志汇报学校改革和发展的情况，呼吁国家进一步关心、支持民办高等教育发展。为了明确学校发展的重点，他高度重视董事会决策和校党政的日常运行。为了拓展学校的办学空间，他几乎跑遍杭州每个城区和周边每个郊县。为了加强教学质量，他亲力亲为聘请各方专家、学者来校任教。为了鼓舞师生爱校、成才的热情，他不辞辛苦地参加一系列重要活动。2017 年 5 月 17 日，年近百岁的他还兴致勃勃地参观了杨汛桥新校区，与师生们亲切交流。2004 年 9 月 8 日，时任浙江省委书记的习近平同志来校视察时说："王老多次请我到学校看看，在我的印象和想象里可能是一所规模不大的、不是那么标准的一所民办学校。听了介绍，特别是走进来看一看，印象完全改变，而且非常敬佩。"我理解，习近平同志表达的"敬佩"，很大程度上就是对王老的敬佩。

我们要学习并发扬王老淡泊名利、无私忘我的奉献精神。"捧着一颗心来，不带半根草去"，是王老创办树大的真实写照。王老不仅分文不取，还多次为学校捐钱捐物，在学校初创最为艰难的时期，王老带头拿出多年的积蓄 1 万元捐给学校。我听章清和陆桂芹同志跟我讲过一个王老关爱学生的故事：2009 年，为帮助品学兼优而家境贫困的孩子继续完成学业，王老在学校设立了王家扬树人奖学金，王老通知章清和陆桂芹同志去家里拿钱，他拿出一个大皮包，里面装着近三年的各种津贴、补贴和慰问费的 30 多个信封，他逐一清点，共 16 万元，全部捐给了学校。据统计，仅从 2004 年以来，王老就捐赠了近百万。2014 年，学校三十周年校庆前夕，王老又将珍藏的 8 幅名人字画捐赠给了学校。1994 年，十周年校庆时，为了纪念国内外友人为学校发展所作的贡献，王老亲自题写了捐赠铜牌。这个铜牌我仔细看了，上面唯独没有王老自己的名字。正是这种无私奉献的精神，激励着一代又一代树大人为学校发展殚精竭虑、默默奉献。

涓涓细流，汇成江海，聚成力量。王老为学校发展呕心沥血，树起了一座丰碑。在他的精神感召下，一代一代的树大人，坚守"为国植贤"的初心，不忘"立德树人"的使命，在学习和工作中、在各行各业展示树大人的形象。

十年树木，百年树人。2016年，学校领导就规划建设问题向王老作专题汇报，他说："我已经老了，不出主意了，但目标还在。我希望我们树大能够更加茁壮地成长，杨汛桥校区的建设也是为了能够更好、更快地达到招收研究生的条件，争取早日开始招收研究生，甚至是博士生，使学校真正成为一所名副其实的大学，立好百年树人的金字招牌。"目前，学校发展正进入一个"以学科建设为引领，推动学校提质升格"的新阶段，面临的机遇很多，困难和挑战更大，从拱宸桥校区到杨汛桥校区，从招本科生再到招研究生，这既是王老的心愿，更是我们的目标。我们要发扬王老的担当精神、创新精神、敬业精神和奉献精神，热爱树大、心系树大、建设树大，沿着王老的奋斗足迹，凝心聚力，早日实现社会力量举办高水平大学的目标。

2021 年 3 月 11 日

现任浙江树人学院校长　李鲁

父亲晚年最大的"心事"

王锡冬①

　　父亲去世一年了。记得他是 1978 年 5 月调浙江省工作的，我于同年从南京调到杭州工作，从那时到父亲去世，我在父亲身边生活了 42 年，那年父亲 60 岁，今年我已经 70 了。

　　父亲百岁那年 5 月，章清书记接他参观浙江树人大学杨汛桥新建校区，是我陪伴的。现在看到父亲和树大老师同学们在一起的照片，看到他回到心心念念的树大，看到老师们，看到同学们，看到新建的校区，看到父亲笑得那样开心，照片上的父亲仍是那样慈祥，栩栩如生，这也是他生前最后一次离开杭州。

　　树大对父亲来说是晚年最大的"心事"。记得从 66 岁与前辈们一起创办浙江树人大学，76 岁担任树大校长，到 80 岁辞任，直到临终，他始终惦记着学校。父亲生前很少和子女谈及工作上的事，包括学校的创办、建设和办学中的各种事情。在我的记忆中，涉及学校对孩子们能说的只有一件事，就是有钱出钱、有力出力。我的大嫂苏秋滨曾经参与过创建学校电教室，并带

---

① 王锡冬：王家扬先生之女。

薪在那里工作过两年。我的兄弟姐妹虽然都是工薪阶层，但也都为学校教育基金捐过款。

父亲离开工作岗位后，每年都会给省委书记写一封信，从王芳书记、薛驹书记、李泽民书记到张德江书记，他的每封信谈及的都是教育，都是学校。他还向习近平书记、赵洪祝书记专题汇报过学校的发展思路，从四校联合、树大专升本，到学校扩建，他事事关心。

2017年8月，父亲住进医院，在医院的两年多时间，我们兄弟姐妹轮流陪伴，听到最多的是他对学校的关心，以致在睡梦中说梦话，也只有一个话题——树大。2018年，学校开学，父亲已经站不起来了，不能参加学校的开学典礼，他还口述了给老师和同学们的贺信。

我总在想，父亲如此关心学校，到临终仍念念不忘学校，与他所倡导的"树人为立国之本"有关，是希望国家富强、民族复兴，而把学校作为他的全部寄托。

父亲的一生是倡导包容的一生，也是践行奉献的一生。

2021年3月12日，是父亲诞辰103周年。在父亲诞辰103年之际，我们很想念父亲。在迎接中国共产党建党百年前夕，衷心期望浙江树人大学越办越好，为祖国、为社会培养更多的优秀人才，为中华民族百年复兴作出应有的贡献。

2021年3月11日

王老的女儿王锡冬在父亲的追思会上

散尽毕生积蓄，不给子女留一分钱

王小宁^①

记得是 1986 年的一天，我偶然在《工人日报》上看到一篇报道，报道的题目记不清了，内容是说父亲拿出自己全部的积蓄，发起成立"浙江树人大学教育基金"。

此事父亲生前从未对我们兄弟姐妹提起过，直到他去世后，我曾就此事询问他当年的秘书孟云生。小孟告诉我，驾驶员孙师傅受父亲之托，把近百张贴花储蓄（20 元一张）全部取出来，共有 19000 多块钱，捐给树人大学，发起成立教育基金。小孟还告诉我，这是自 1981 年我的母亲去世后，父亲每个月的工资结余，也是当时他的全部积蓄。

树人大学创办后，父亲曾任浙江树人大学董事长、校长。任内他在浙江树人大学和家乡宁海县分别捐资设立了"王家扬树人奖学金"和"王家扬奖教奖学基金"，每年拿出 2.5 万元给浙江树人大学及宁海的老师和学生发奖学金，每年各 1.25 万元。

在父亲的影响下，极富公益心的周虞康先生也积极参与捐助，并直接管

---

① 王小宁：王家扬先生之子。

王家扬先生

理基金，管了 10 多年。周先生年纪大了，2001 年交给我来管。交到我手上的时候，基金账户已增值到 47 万元（大部分是周虞康先生的捐助）。父亲对我说，这些钱是老母鸡，让我帮他喂肥，不准杀，还要帮忙"下蛋"，并将每年奖励 2.5 万元增加到每年 5 万元，树大和宁海每年各 2.5 万元。

那些年，每到春节，父亲会给我很多个牛皮纸信封，让我数钱，有慰问金、节日费，还有他当年每个月剩余的工资，几块几毛几分的，悉数交给我。我从 2001 年管到 2008 年，到 2008 年，账户上有了 86 万元。

2008 年，父亲的住处从西湖边搬到了城西，我和父亲商量，还是将这笔钱一次性捐掉吧。父亲接受了我的建议，将钱分两半，25 万元捐给树大，25 万元捐给家乡宁海县教育局。其实，树大和宁海根本不缺这点钱，但我了解父亲，他捐的不仅是钱，而是他对教育事业，对浙江树人大学，对养育他的家乡的情感。

过了些年，工资又有些结余，父亲又捐家乡的五水共治，说这是大好事。

我开玩笑问：您能数出五水是哪五水吗？父亲说你不懂。父亲让我把几本存折的钱取出来，将总数告诉他，一共136万元。他说："五水共治，为民造福，我把136万元全捐了，共产党人生不带来死不带去嘛！"

晚年，父亲一个人生活，我的兄弟姐妹们也陆续退休了，轮流在他身边陪伴照顾。父亲的开销除了交党费，花不了啥钱，他就把省下来的钱全捐了出去。

父亲去世时，我们为他换上一套我熨烫好的衣服。那是一件缝补过的旧衬衣，一套父亲穿了多年的中山装。那套中山装，父亲只在会见外宾和参加重大活动时才穿。浑身上下，只有父亲脚上那双布鞋是新的。

这就是我们敬爱的父亲，生前简简单单，身后干干净净。

——节选自《百岁王家扬：散尽毕生积蓄，不给子女留一分钱》

2020 年 10 月

王家扬先生的儿子王小宁

敢为人先，走发展之路

——在王家扬先生追思会上的发言（节选）

孟云生[①]

　　1983 年 3 月，我从《浙江日报》调到省委办公厅工作，担任省委常委、宣传部部长王家扬同志的秘书，那年我 27 岁，在他身边工作 10 年，从没离开过，至今已整 40 年。

　　当年去省委办公厅工作，综合处处长马村应跟我谈话，交代了秘书工作的任务、职责。我问他："我怎么称呼王家扬部长？"他说："你自己问下王部长吧。"这给我出了个难题。有一次我在送文件时，趁机问了一下："王部长，我平时怎么称呼您？"他说："叫同志吧。"我脱口而出："家扬同志。"他说："对呀，我们是同事间关系。"这一声"同志"，一直到王老逝世，我才改口称王老。他多么平易近人，没有一点架子，人民公仆的榜样，这是我的第一印象，我能在这样的领导身边工作，我是幸运者。

　　我跟随王老工作 10 年。在我的回忆中，分三个阶段。第一阶段是 1981

[①] 孟云生：曾任王家扬先生秘书，中国美术学院党办院办主任、中国美术学院副院长。

年4月至1983年3月期间，他任省委常委、省政府副省长。他在省委领导下，解放思想，拨乱反正，纠正冤假错案；积极宣传党的农村土地承包责任制政策；恢复各地市师范教育学校；普及农村小学义务制教育；改善民办教师待遇；重视幼儿教育；鼓励文化、体育等战线多出优秀作品和成绩。第二阶段是1983年5月至1988年期间，他任省政协五届政协主席，做了五件可以载入省政协史册的大事。一是加强了政协自身建设。1983年，全国机构改革，领导班子"四化"，分别成立五套班子，省委、省顾委、省人大、省政府、省政协，省委书记不再兼省政协主席，省政协领导机构相对独立。要开展好政协工作，人员编制、办公地点等都碰到问题。王老跑省人事厅、省事务管理局，多次商量，争取到编制，吸收新鲜血液；批准建造省府路5号办公大楼给政协办公等。二是组织委员参政议政，充分发挥政协知识分子多、科技医疗人员多的优势，开展为期两年的"智力支边"（丽水、台州）。三是依靠社会力量，创办浙江第一所民办大学"浙江社会大学"（即现在的浙江树人大学）。四是创办《联谊报》。五是成立省政协诗书画之友社、联谊俱乐部，使委员有家的温暖。第三阶段是1988年后，王老省政协主席任职期满后，把全身精力放在建设浙江树人大学和中国国际茶文化研究会。我主要回忆下浙江树人大学初创时期的历程，追思王老为树大发展壮大所作出的伟大贡献。

一、树大建校缘起

1983年3月，省政协五届一次会议后，王老认为，政协是个统一战线组织，各界人士各有建树，要团结他们，发挥他们的作用。我经常跟随王老去看望大学校长，如浙江大学校长杨士林，杭州大学校长陈立、副校长江希明，浙江医科大学校长王季午，浙江农业大学校长朱祖祥等同志，与他们建立同志间的友情。大家在谈论中，比较关心的是浙江的教育，特别是对大学少、培养人才慢尤为担忧，像江苏省基本上每个地市都有大学，但我们浙江地市只有师范专科学校，浙江的学生爱学习，高考的分数也高，但苦于大学少，进不了大学读书等等。

听了这些老校长的意见，王老一直在考虑，他自己曾是管教育的副省长，由于省里的财力原因，新建大学困难重重，是不是能依靠社会力量，办一所民办大学。他的想法得到了大家的赞同。1984 年 8 月，在莫干山会议上，当时省政协副秘书长倪宝珊、孙延年、冯孝善、毛树坚等四位同志，签名起草了一份创办民办大学的倡议书，从而启动了办学的筹备工作。由省政协副主席、原浙江大学副校长周春晖教授任组长，王承绪副主席、倪宝珊同志任筹备组副组长，借用六公园省政协一间简易房办公，并派省政协常委余从善（原医大党委书记）、戴光（冶金专科学院书记）和副秘书长毛树坚，分别到安徽、江苏等地调研民办学校办学的情况，并亲自带领周春晖等筹备组成员到香港考察树仁学院，进行调查论证。1985 年 4 月，校董事会成立，聘请老省长李丰平、香港企业家王宽诚为名誉董事长，王家扬任董事长；名誉校长是省委书记王芳，校长是周春晖，实行董事会领导下的校长负责制。

二、依靠社会力量，解决办学的困难

办大学要有师资、经费、校舍。可以说初创时的树人大学是"三无"学校。面对社会的压力和个别人的嘲笑，如何解决？王老决定，我们要发挥政协的作用，依靠社会力量办学。为此曾三易校名，"武林大学""社会大学""树人大学"，武林大学代表办学的地点杭州，但怕被误解成学武术的大学；树人大学，香港有树仁学院，是同音字，但也是纪念鲁迅，当时暂不用；最合适的是社会大学，因为是依靠社会力量办学，后来省政府就是以"浙江社会大学"名义批准办学的。

有了校名，马上调研设立什么学科和专业，根据浙江省经济文化发展需求，大家分析，国际贸易交往频繁，很需要翻译；杭州又是风景城市，美化环境也十分需要。大家商量，最后确定先办两个专业——英语（外贸）、园林建筑，招三个班，英语两个班，园林一个班。省教育厅也十分支持，从其他大学中挤出名额给社会大学招生。

专业有了，招生名额有了，师资怎么办？教室怎么办？王老召开"神仙会"，把各大校长请来一起商量，推荐具有高级职称的老师到社会大学来兼职兼课，大家都很支持，杭大推荐外语系主任郭建忠，农大推荐老教授姚老师，分别到英语（外贸）系、园林建筑系任主任，一年一聘，由校长发聘书，由系主任聘任教师，真正实行教师聘任制。关于教室问题，省政协常委、杭州电子工业学院王祖耆院长表态，免费借两间教室给学校办学。

办学的经费又是个大问题，王老发动大家有力出力、有钱出钱。省工商联资助了 12 万元；浙大化工厂资助了 4 万元；省政协委员金志郎、黄瑞林捐 1 万元，在港政协委员纷纷捐款；王老还亲自跑灵隐寺、国清寺、天童寺、普陀山募捐。经过大家的努力，加上每个学生 300 元学费的收入，勉强支撑起办学开支。办学师资、教室、经费基本解决后，1985 年 9 月新生报到，浙江省第一所民办大学诞生了，从此开创了新中国创办民办大学的先河。

三、敢为人先，走发展之路

浙江树人大学发展到今天，不得不提到王老在建校之初作出的几个决策。

一是建教学大楼。办学初借用的是电子工业学院的教室，后来学生人数增加，又辗转借用省电子研究所的房子办学。没有一个固定的校园，这总不是一回事情。为此，王老多次与省政协副主席、省工商联主席汤元炳商量，发挥他长期在工商界的影响和香港朋友的关系，联系到香港的浙江籍著名企业家查济民先生，省领导沈祖伦省长、陈安羽主任、王家扬、汤元炳等接见查济民先生。查济民先生被王老的办学精神所感动，捐资400万元建学校校舍。建教学楼的经费落实后，王老又开始寻找办学地点，得知杭州舟山东路是第二教育园区，边上还有土地，在杭州市委厉德馨同志的支持下，他跑到拱墅区善贤村书记家里，商量征用划拨土地26.23亩，请省一建公司以成本价建造，不能突破预算，1991年竣工落成。

二是建立王宽诚教育基金会。此事也是汤元炳先生引荐，省委书记王芳亲自接见，王宽诚先后拿出150万元，成立教育基金会。王老把自己多年省吃俭用的储蓄款，请驾驶员孙师傅到岳坟储蓄所，将一大沓贴花储蓄单子，一张一张核算，花了两个小时，取出1.9万元，全部捐给浙江树人大学王宽诚教育基金会。他还动员子女捐款到基金会支持办学。澳门的贺田先生捐款20万元建图书馆；日本静冈县友协捐电脑建了电教馆。

三是王老以中国茶文化研究会会长的号召力，与日本静冈县建立了大学生互派交流，还办起了具有特色的茶文化专业。

回忆王老为树大初创时所做的事，一天也讲不完，我曾提起过给他写个传记，他说不要宣传我，要宣传树大。我在王老身边工作10年，深受教育，他有三个方面的精神永远值得我们学习。

第一，王老是坚定的马克思主义践行者。王老参加革命80多年，他党性坚定，对党忠诚，从青少年时期到晚年，革命意志始终如初、与时俱进。特别是党的十一届三中全会以后，他解放思想，开拓创新，在省委、省政府、省政协做领导期间，他都带着一团火，燃遍足迹。

第二，王老是"人民在我心中"的践行者。他深入一线，求真务实，真抓实干，从群众中来，到群众中去，66 岁高龄时，还到丽水龙泉爬浙江的最高峰凤阳山，考察贫困山区，参与"智力支边"。为办好树人大学，他基本上每年都给省委领导写信，反映情况。1988 年，沈祖伦当省长时，王老写信，省政府同意每年给浙江树人大学补助 15 万元。

第三，王老是清廉自律的践行者。他艰苦朴素，廉洁自律，20 世纪 80 年代初，他的家庭生活开支除每星期给他在办公室抽屉里放两包香烟外（1984 年戒烟），其他伙食费开支就 30 多块钱。到晚年，他把一生的节余全捐给了树大、老家宁海桑州小学教育基金会及县城"五水共治"项目。他曾在北京工作过，来往的客人也比较多，但他从来不用公款请客。连以树大公务名义请客，他都自己掏腰包。记得有一次，王老、周春晖、倪宝珊、毛树坚和我一起接待香港客人，除我外，他们四人各出 40 元，共 160 元，请客人用餐，不用树大经费。从王老带头，校长、副校长都不拿树大报酬，为树大树立了榜样。他谦虚谨慎，严于律己，宽以待人，生活俭朴，对子女和身边的工作人员严格要求，始终保持共产党人的政治本色。

今天，在省委、省政府、省政协、校董事会的领导下，浙江树人大学的建设已初见成效，成了全国民办大学中的佼佼者，这也是王老的初心。我衷心祝愿浙江树人大学不忘初心，兴旺发达，争创一流，为浙江社会经济文化发展作出更大的贡献！

2021 年 3 月 11 日

王家扬先生与孟云生（左）

学习王老对树大的忠诚

朱 玉

我十分荣幸，在我终身从事高等教育事业的最后阶段能有在王老创建的树大工作的经历。在十多年的时间里，一直得到德高望重的王老的教诲、指导、支持和依靠，从而使我与同事们愉快合作，共同为学校的发展尽力。

我是 1999 年 5 月 10 日来到树大的，第二天上午陈法文董事长就亲自带我去拜见王老。第一次见面，王老就给我留下了两个十分深刻的印象：慈祥和蔼、平易近人，对树大充满着爱。

我来树大之前，可以说对学校一无所知。我长期在公办的浙江师范大学工作，转到一所民办的大学工作，从一所规模相对较大的本科院校转到一所规模较小的专科学校工作，因此，我当时就给自己提出急需要做的两件事：一要了解树大的历史，二要增强对民办教育的认识。经过两个月的实践、了解、学习与思考，在 7 月中旬省政协主席团由刘枫主席主持的"专题研究树大发展"的会议上，我作了《我对树大的认识》发言，讲了树大当时的概况、树大的主要成绩和值得发扬的四大经验、树大面临的五大问题。王老当场就对我的发言给予了充分肯定和鼓励。经过这阶段的调查、学习和思考，我深深被王老和以王老为首的一批老干部、老专家创办学校的先见性、创办学校的顽强

情系树人

不屈的精神、创办学校给社会作出的贡献所感动，从而大大增强了我对树大的情感，增强了办好树大的信心和决心。在当年新生的始业教育上，我就大力宣传学校是民办高校的代表和方向，我给同学们讲"创办这所学校是很有远见的，办学过程是十分艰难的，办到今天这个地步是很不容易的，今后发展的前途是很大的"。

我到树大时，正好碰到创建新树大的时期。其实新树大的创建最早就是王老提出的。1999年初，王老致信给当时的省委书记张德江和省长柴松岳，要求将学校与周边的中专学校联合组建新的浙江树人大学。当时张德江书记很快就作了批示："建议很好，值得重视，请省教委调研，并提出具体意见。"而当年6月份召开的全国第三次教育工作会议，就明确提出了"在发展民办教育方面要迈出更大的步伐"。在当年教师节前夕，省长柴松岳、副省长鲁松庭带领省教委正副主任及省政府有关部门负责同志来校调研，省长充分肯定了树大15年办学的成绩，充分肯定了民办的办学机制，省长当场就明确表态，一定要搞好四校联合工作，并指定由省教委具体负责此项工作。半年后的2000年3月初，省政府下达了四校联合的文件，从此开启了树大新的航程。

如何把四校联合好，如何加快融合，面临着一系列问题。由于对树大有深沉的爱，王老情系树大，高瞻远瞩，在四校联合的会议上就向全校师生发出了"热爱新树大，办好新树大"的号召。这个号召成了全校教职工，尤其是各级干部的行动指南，也成了我们新班子工作的重要抓手、重要动力和工作目标，全校上下较快形成了"热爱新树大"的良好风气。

回顾新树大成立后的几年历程，我曾多次提到王老这个号召对推进学校发展的作用。如2004年的《总结四年办学经验》中，第一条经验就是：深入持久地开展爱树大的自我教育，是加快树大发展的强大的内动力。文中写道：

新树大刚刚成立，名誉校长王家扬就响亮地提出"热爱新树大，办好新树大"的口号。几年来，这个思想已逐渐深入人心，激发了全校教职工建设新树大的积极性。在《总结经验，摸索规律，夯实基础，持续发展》一文中说道：五校合并是壮大树大的一个有力措施。但是，树立办好学校的信心，始终是董事会、学校党政班子关注的一个重要问题。几年来，学校各级领导不断用学校所取得的成绩来激励全体教职工，大力宣传民办高校发展的良好态势，从而不断增强大家办好树大的信心。在热爱新树大的教育过程中，也不断加深了"爱校"自我教育的重要性，于是我曾讲过在工作中要在"爱、创、点、实"上下功夫的体会。

扩大树大的办学空间，是学校董事会 20 世纪末、21 世纪前 10 多年着力解决的一个重要问题，为此董事会和学校也做了大量工作。80 多岁高龄的王老始终关注这个问题并且亲自为扩充办学空间而奔忙。

1998 年，陈法文书记任董事长后，就征用了七古登村 67 亩土地，办学空间即刻从 41 亩扩充到 108 亩。为了扩大办学空间，王老亲自联系，想在城西老东岳处建立树大的一个分校，双方商谈并绘制了规划图，还亲自找了当时的市委书记王国平交谈，希望得到支持。2000 年，新设的艺术专业新生就在老东岳报到。

在余杭仓前一带还是一片良田时，王老得知其将有可能规划为科教用地，他就亲自带领董事长、学校领导一道前往勘察地域，并与市政府主要领导联系。当得知绍兴柯桥有中专希望并入高校时，他又亲自带领董事长与学校领导前往洽谈。当桐庐的办学空间有希望时，他十分高兴，当时他已 90 多岁了，而且腿也不好，但他坚持一定要亲自去看一看，这种对树大的爱真使我感动。

我们要学习王老对树大的忠诚，学习他对教育事业的热爱，学习他对民

情系树人

办教育的坚持与孜孜不倦探索的勇气，学习他"老骥伏枥、志在千里，烈士暮年、壮心不已"的精神。

2021 年 3 月 11 日

2004 年，浙江树人大学 20 周年校庆时，五任校长合影。左起：第五任校长朱玉、第二任校长邓汉馨、第三任校长王家扬（兼）、第一任校长周春晖、第四任校长陈子元

我最尊敬的领导

毛雪非[①]

  我有幸认识王老是在到树大工作之前，但是真正走近他，得到他的关心、指导和支持做一些工作，是到了树大以后。在跟王老的接触中，我觉得他真的是我最尊敬的一位领导。

  我在树大工作的时候，他已经90多岁了，但是他身上还是有那么一种敢于探索、敢于创新、乐于奉献的精神，让我非常佩服。树大的创办是王老在改革开放当中敢于改革创新精神的集中体现。我当时是在杭大，我们都知道树大是在没有资金、没有校舍、也没有师资的情况下，王老依托政协人才荟萃、精英集中的优势，和一些知名的专家、有识之士一手创办起来的，那时候困难重重。但树大创办以后，王老就把他后面晚年的生活跟树大紧紧地联系在一起，对树大真的是非常的关心，就和自己亲生的孩子一样。他的生活非常简朴，但他却捐赠了自己的所有，设立了"王家扬树人奖学金"，奖励那些优秀的学子。他还把自己的毕生珍藏捐献给了学校。我曾经问过梁平波同志，

---

① 毛雪非（1948年9月— ），曾任杭州大学教育系总支书记，杭州大学党委常委、组织部部长、统战部部长，中国美术学院党委副书记、党委书记，浙江省第十一届人大常委会委员、民族华侨委员会副主任委员。2010年6月—2014年8月任浙江树人大学党委书记。

情系树人

他非常懂画，他说我看过这些画，有一些是非常有艺术价值和收藏价值的，但是王老都捐给了学校，从中也可以看出他对树大的热爱。

我来树大的时候是 2010 年，学校正面临着教学空间进一步拓展的问题。当时学校有和桐庐联合办学的意向，但是因为资金的问题迟迟不能启动，所以王老非常着急。我记得是在一个晚上见到他，他把我拉到一边说，雪非同志，你能够到树大来，我很高兴，但是你一定要关注这个桐庐校区建设的问题。然后他坐下来，就算这个账。当时他好像说学校总的收入是 1 亿多元，他说 50% 是要作为教职员工的工资，30% 大概是教学投入，总的算下来一年可以有 2000 万元的结余。当时徐校长在我旁边。王老说资金的问题其实还是能够克服的，我们要求政府补一点，社会力量资助一点，我们自己贷一点，几年积累下来也差不多。因为当时说桐庐启动的话可能要一个亿，他说是可以启动起来的。他真的算得很细的账，一笔一笔地算，算得很清楚。当时我就很惊讶，我想在我面前的是一个 90 多岁的老人吗？他的思路这么清晰，方案提得这么有条理，而且很科学，账算得这么清楚。后来我想，王老一心放在树大的建设上，放在树大急需解决空间拓展的问题上，他是把它作为一件大事来做，他是深思熟虑的。后来，去桐庐办学的事最终没有成，学校也很着急，王老就利用他所有的关系、各种渠道，只要有人去看望他，就要讲起树大空间拓展的事情。

有一次王老让秘书打电话来，说有一个湖州的企业家，愿意对学校进行投资，他说要去考察一下。我说这个我们去一下就可以，他说不行，他要亲自去看。后来好像是我和章书记一起陪同到了太湖边上的企业去看了。王老那个时候是坐着轮椅去的，所以我想他真的是为了树大的事情，什么都愿意付出。

最后在各方面的关心下，经省政协批准，确定选址在杨汛桥，王老非常高兴，那个时候我快要结束在树大的工作，但是每次去看他，他总问杨汛桥的事情推进得怎么样了。今天杨汛桥校区建得这么好，而且王老生前都去看了，我觉得也是了却了他很大的一个心愿。

另外，我觉得王老是一个胸怀很宽广、有国际视野的人。树大跟其他民办高校不一样，它的起点比较高，较早拿到了本科办学的资质。还有一点，树大从开办起就进行了国际交流、对外交流，这是其他民办高校做不到的，而牵线搭桥的人就是王老。刚才我们在纪录片上也看到了，在树大开办不久，王老就请了港澳台爱国人士、日本友好朋友等到学校来，请他们资助学校的办学。同时王老又建立了茶文化研究会，弘扬中华茶文化。我们学校设立了茶文化专业，利用这个平台，王老又请了日本、韩国等地的一些专家到我们学校来讲课。我曾经碰到过丹下明月，她20多年来，自己出钱到树大来上课，我曾经陪着她和她的丈夫到王老家去做客，我看到他们就像非常亲密的老朋友一样交谈。我觉得王老真的是非常有魅力的，能够把这些国际友人都吸引到树大来参与办学。所以今天的树大对外合作、校际交流、国际合作这一块，步子已经迈得比较大，也取得了成绩，我们不会忘记，是王老为树大的国际交流合作奠定了第一块基石。

跟王老在一起，我总是感到非常的温暖。他是一个革命经验非常丰富、德高望重的老领导。有的时候，我觉得他就是非常和蔼可亲的一个老朋友，我们有什么事情去跟他说，他总是非常耐心地听你们讲，然后不急不躁、慢慢地说出他的意见。

我在公办高校工作好多年，对民办高校的一些情况不太了解，有时在跟王老交谈的时候，会露出畏难情绪。特别是有一次碰到了困难，我有点想打退堂鼓，王老就鼓励我，跟我说，困难总是有的，要大胆地做，不要怕，让我感觉很温暖。所以跟王老在一起，有一句话就是"如沐春风"，真的是有

情系树人

这个感觉。

我在树大工作 4 年，这 4 年，是得到王老的教诲、指导、支持的 4 年，是我工作经历当中非常难忘的 4 年。我想起王老的家里，书房上面有一排照片，王老直接拉了我的手，一幅一幅地讲过去，从他和带领他参加革命的兄长的合影，一直讲到后面受到毛主席接见，再到浙江省参加工作等等，听他讲就好像在感受他的革命经历。无论是在革命战争年代，还是在和平建设年代，再到后来的改革开放时期，王老都是解放思想、与时俱进、敢于创新、敢于探索，同时又是乐于奉献的人。在他身上集中体现了一个共产党员的优秀品格——为人民服务，以人民为中心，我觉得他一生都在实践着。

王老身上有非常多值得我们学习的地方，我们要以他为榜样，以他为楷模，要牢记他对树大所作出的历史性的贡献，要像他那样，为教育事业兢兢业业做好工作，把树大建成一流的民办高校。

2021 年 3 月 11 日

毛雪非（左一）看望王家扬先生

他是一名真正的共产党员

周虞康[1]

在我的心目中，王老是一生为革命的优秀的老同志，真正的共产党员。我现在 90 岁，还在做事，做事的时候经常想起王老，他是我们最好的榜样、最好的党员。他致力于公益事业、教育事业，他的高尚人格影响着我。

与王老的第一次见面。我是 1988 年到浙江美院来工作的，在美院研究室，校领导介绍王老给我认识，第一次谈话我就非常震撼。有一些老共产党员可能还要从事一些什么经济活动，但他一说话，就说我一生中就想把我们的学校办好，把茶文化专业办好。我看到的不是一个老人，而是脑子非常清楚、讲话有条有理、对党的事业充满热情的老共产党员。我从第一次与王老见面，就在心里认定了他就是我的老师、我的楷模，是我要学习的榜样。

募集办学资金。在四校联合之前，树大的办学是非常困难的，最大的困难就是缺钱，主要是两笔钱：一笔是老师的工资，一笔是租教室的租金。这些钱每年都会有差额，大概是两三百万元之间的差额。大概在三四年里，王老和我们都有个小聚会，找三四个企业家来。王老一找我们，我们都很开心，

---

[1] 周虞康：浙江滨江集团董事长，曾任浙江树人大学第三、四、六、七届董事会董事。

都出点力，每年去吸收一些捐款，来维持树大的一些最基本的开支。

学校新选址问题。王老非常担心学校的选址问题。我曾负责跟上海同济大学联系，当时想联合同济大学在浙江开个分校。同济大学也同意办分校，这样我们就开始筹备。我陪王老一起到湖州去看，这个地方不满意，又赶到安吉去看。安吉有意向给我们 8000 亩地，其中 4000 亩用于办学，4000 亩拿来开发房地产，但是房地产的利润每一分钱都放在学校，用于学校的建设和发展。我当时也跟县里签了合同，并且规划搞了一年，一次两次修改规划，规划同意了，8000 亩地的坟墓都迁好了，但是受国家宏观政策调整的影响，最后一步没有成功。协商期间王老去了好多次，他是一心要把学校办好。

我在王老生病的时候去看过他，他已经不能讲话了，但是我讲话他都能听清楚，握着我的手。我知道，紧紧的握手就是他的语言啊！

共产党员要怎么样做？怎样做一个共产党员？不是实现自己的私利，而是为人民服务直到最后一天。

2021 年 3 月 11 日

周虞康在王老追思会上发言

我心目中的王老

包 静[①]

    我是浙江树人大学的首批学生，当年因为我们年龄比较小，觉得能够到树大来读书是一件幸运的事。王老非常高瞻远瞩，当时在树大开设了两个专业，一个是园林专业，一个是外贸专业。填志愿的时候，我父亲就说这个学校非常好，专业也很好，随着人民生活水平的提高，园林专业一定会非常好，所以我选择了园林专业。

    当年虽然学校的条件很艰苦，但是我们的师资是非常强、非常好，这也为我今后在职场的发展奠定了很好的基础。我 1985 年入学，现在（2021 年）已经 37 年过去了，在 37 年中，我们也碰到了一个好的时机。因为我学的是园林专业，我们园文局的老局长施奠东局长，他跟王老是很好的朋友，他当时就说你们这些孩子们毕业以后我全要，所以我们有幸被分在了西湖景区，从此就跟西湖结下了不解之缘。

    在这 30 多年的发展过程中，大发展的机遇让我们这些园林专业的同学们有了用武之地，关键就取决于当时王老定的专业、他带给我们的师资，真的

---

① 包静：1985 级风景园林专业校友，现为中国茶叶博物馆馆长。

　　　　　　　　　　　　情系树人

是奠定了非常好的基础。我们有幸参与了西湖的综合保护工程，有幸参与了西湖申遗，也有幸参与了 G20 峰会在杭州召开时的西湖景区的建设。在这些项目的建设过程中，有很多树大校友的努力。我们一直以树大为骄傲，我们也通过自己的努力，传承王老低调、平和、敬业、勤勉的精神。我们努力用自己的行动告诉大家，树大不比其他的公办学校差，我们也有自己的优势，我们也有自己的奉献方式，我们希望今天能够取得一点点成绩，树大的老师们也能为我们有一点自豪。

一路走来，我觉得跟王老真的有着太多的情缘，因为有了王老，让我有幸读到了园林专业，30 年来我们能够为西湖的保护作出一些贡献，西湖的山山水水留下了我们很多树大人的汗水和脚印。

现在我感到特别有幸，能到中国茶叶博物馆主持工作。王老退休后办了两件大事：一个是办我们树大，另一个就是对中国茶文化的传承。2021 年 4 月 24 日是中国茶叶博物馆建馆 30 周年，中国茶叶博物馆能够发展到今天，离不开王老的全情付出，他是中国茶叶博物馆的名誉馆长。中茶博的发展也很不容易，当时也是缺钱、缺经费、缺人等等，正是在王老的感召下，得到了丹下明月等中外茶界人士资金上的支持和专业上的支持。王老就是茶界的一个领袖，他在我们茶界是德高望重的。

今年是建馆 30 周年，茶博也到了而立之年，到了一个腾飞之年，我们也在努力践行王老一直在讲的"天下茶人是一家"。我们牵头成立了一个全国茶博物馆联盟。全国茶博物馆有 68 家，希望由中茶博来引领，把这些茶界的博物馆能够牵引起来。另外，我们在世界各地 26 个国家做一些茶文化的传播。虽然 2020 年疫情那么严重，但是我们茶文化传播的脚步始终没有停下，我们通过建立网上直播课，向世界各地的茶人们、全国的孩子们、茶友们传播茶文化知识，我们希望通过努力能够让更多的人爱茶。

2020 年 12 月，我们拿到了全国一级博物馆的桂冠，其实它赋予了中茶博更多的职能，除了茶的学术研究，更大的还有博物馆宣教的职能。现在我们茶人也碰到一个非常好的时机，5 月 21 日，有了"世界茶日"这么一个节日，经济作物有那么多，但唯有茶有了一个自己的节日。习总书记对茶非常关注，他希望更多的人能够知茶、爱茶、懂茶，梦想共品美好生活。

我现在作为中国茶叶博物馆馆长，深感责任和使命之重、之大。一是要弘扬王老对茶的那种热爱，要把王老的精神传承好；二是要助力树大茶学院建设。我们希望接下来有更多的一些合作，让中茶博成为树大校友们实践实习的地点，与学弟学妹们一起讲好中国茶文化故事。

2021 年 3 月 11 日

包静在王老追思会上发言

我与王老的三次见面

叶一雯[1]

我是幸运的。2013年，家扬书院成立，在新生开学典礼上，我第一次见到王老，这位德高望重的老先生，白发苍苍但精神矍铄，双眼炯炯有神，鼓掌时还是那么有力。

当年12月，伴随着淅淅沥沥的初雪，时任浙江树人大学校长徐绪卿、党委书记章清、家扬书院副院长胡建伟，带着我和书院2013（1）班的毛真韦同学，走进了西子湖畔那座绿荫翁郁、环境清幽的院子，看望王老。王老行动虽然不便，但依然非常热情地招待我们，脸上始终挂着慈祥的微笑。

2017年5月，已经百岁高龄的王老专程赴杨汛桥新校区视察，我第三次见到可亲可敬的王老，从等候迎接到献花，再到王老和我们书院新生亲切交谈，直至送王老上车离去。而那一年，我已即将毕业。

王老慈祥谦恭、温和热情、德高望重，身居高位却平易近人。我大学四年有幸三度与王老同框，这真是太幸运、太幸福的事，这成了我四年里弥足

---

① 叶一雯：2013级家扬书院毕业生，现为宁波市北仑区实验小学语文教师、德育处副主任兼大队辅导员。

珍贵的回忆。

有人说,王老对树大的深情,可以用八个字来概括:情系树大,呕心沥血。家扬书院是学校特别以王家扬先生的名字来命名成立的,作为人才培养改革的综合试验区,探索学校教育改革的方向。我也非常幸运能成为家扬书院第一届学子。

时光匆匆,岁月更替,唯有回忆在你我心头静静流淌。2018 年 9 月 10日教师节,王老在给树大全体师生的信中说:中华民族的文化自信建立在 5000 年代代相传的尊师重教的优良传统之上,中华民族的百年复兴期盼着同学们将中国传统世代相传,学成后在各自的岗位上建功立业。无论是在革命战争年代、和平建设时期还是在改革开放新时期,王老都保持着共产党员的优秀品格,把毕生精力奉献给了党和人民的伟大事业。

我也是在大学期间加入中国共产党的,是母校给了我优质的教育,给了我向先进组织靠拢的机会,给了我发展的机遇。毕业那年,我顺利通过教师招聘考试进入北仑区教育系统工作。2019 年秋季,我开始担任我们小学大队的辅导员。

参加工作以来,我在教学上勤勤恳恳,在德育工作上更是兢兢业业,力求创新。作为一线教师,更作为一名青年党员教师,一朝一夕都以"志存高远,脚踏实地"作为自己的党员先锋示范岗服务承诺而践行着。任教四年来,我曾获得校优秀班主任、北仑区中小学优秀德育工作者、区教育系统优秀共产党员、区少先队辅导员双技竞赛一等奖、区少先队活动优质课一等奖、宁波市少先队活动优质课一等奖第一名等荣誉,也带领和指导学生参加市区级各类比赛并获得多项荣誉。

2021 年,是中国共产党成立 100 周年,作为一名党员教师,我会更加积极投身于光荣的教育事业之中,用实际行动践行我的诺言,用爱落实责任,用心灵去延续生命的历程。

　　百岁老人，百年树人。3月12日，是植树节，亦是王老的诞辰纪念日。请允许我在此献上最诚挚的祝福：王老，生日快乐！也祝愿各位领导、师长身体康健、万事顺遂！祝愿母校越办越好！学弟学妹们能在树大这片沃土上找到属于自己的那一片天空！

2021 年 3 月 11 日

作者（后排右一）与校院领导一起看望王老

王老在杨汛桥校区与学生们亲切交谈

·贺田先生的树人情缘

贺田（1918—1997），祖籍浙江义乌，出生于浙江杭州。澳门著名的爱国实业家，曾获澳门政府工商业功绩勋章，澳门特区第五任行政长官贺一诚的父亲。1936年毕业于南京机械工程专科学校自动车系。20世纪40年代末移居澳门。1956年，创办澳门贺田工业有限公司并任董事长。该企业是澳门本土第一批制造业企业。曾任浙江大学顾问教授、澳门出入口商会监事会主席、澳门文化研究会副会长、澳门厂商联合会监事长、澳门苏浙沪同乡会创会会长、全国港澳经济研究会名誉顾问，浙江树人大学第一、二届董事会副董事长及第三届董事会荣誉董事。

1988年，澳门著名实业家、学校副董事长贺田先生在首届董事会第八次常务董事会议上提出"办好就好办了！"。

坐落于浙江树人学院杨汛桥校区的贺田图书馆

情系树人

与树人大学学生闲话　商震

贺田耘 1986年10月21日

一、学做人，学做事

一个大学生不单是学书本上的知识，更重要的是要学会做什么样的人，做什么事。简言之，要学做一个有高尚道德的勤劳朴素的艰苦奋斗的勇敢的中国人，要学做一个按科学办事的讲究效率的又勇于创新的社会主义新青年，要学做一个热爱祖国，忠于人民，为祖国四化作出应有贡献的有骨气的中国人。

二、凡事必须坚持实事求是，辩证唯物主义的态度。

三、做一件事必须坚持精益求精的精神。

四、遇事不怕困难，不怕失败，善于研究分析，善于总结经验教训，坚持不懈地去争取胜利。

五、学习一定要独立思考，要下苦功钻研，不要死读书，要学以致用。

六、学习国外东西要慎重选择，科学的先进的应该学，庸俗的落后腐朽的东西要摒弃，且要反对。

七、青年要有朝气，要有活力，有冲劲，应该做的马上去做，不该做的坚决不做，不说废话，不做坏事，譬如走路要精神，节奏要快，做一个充满活力的新青年。

八、要树立一个大学生的新形象。知识面要广，做到一专多能，多才多艺。要讲礼貌，讲修养，意识作风要正派。要树立一个新中国大学生的新形象，为精神文明建设，为社会进步，为祖国四化作出应有贡献。

1986 年 10 月 21 日，贺田先生与树人大学学生闲话摘要

弦歌不辍，膏之沃者其光晔

徐丽红

芸芸草木，漫漫其盛，在恒久的光阴里，图书馆素来是读书人最喜欢的地方，因为其承载着华夏上下五千年璀璨的历史文化，存储着全人类创造的广博的知识宝藏，为爱书者提供了丰富的学习资源、良好的学习环境和极佳的学习氛围。

2021年11月8日，树人38周年校庆日，绍兴杨汛桥越湖畔，浙江树人学院图书馆恢复为"贺田图书馆"。这里馆藏丰富、设备先进、环境舒适、服务优质、管理科学规范，很快成为师生们心向往之、行亦趋之的学研好去处。

在树人40年的发展历程中，贺田图书馆四易其址，从杭州拱墅区到绍兴杨汛桥校区，现已成为一个资源丰富、综合性、开放式和现代化的图书馆。

那么，图书馆与"贺田"又有何渊源呢？

时光回转，1991年，杭州市舟山东路19号，沙孟海先生题词的"贺田图书馆"牌子被端端正正地挂在了查济民大楼一楼"图书室"的门口。一间200余平方米的平房，兼具藏书库和阅览室之功能，贺田与树人的情缘就此开启。

贺田先生经商有道，且非常爱国爱乡，1985年，树人在初创期有幸与贺

情系树人

田先生结缘。当时，贺田先生积极响应国家号召，回到内地投资，先后在杭州、宁波等地开办企业。在事业蓬勃发展之际，他的目光又投向了如日初升的菁菁校园。

当时的树人刚刚起步，没有经费，没有校舍，没有教师，为了解决办学用地难题，老领导们踏遍了杭州郊区的村镇、田埂；为了筹措办学经费，老教育家们访港台、走企业，四处筹钱，甚至自掏腰包、倾其所有；为了聘请高水平的教师，办学者们奔忙于杭州的各大院校，把当时浙大、杭大等兄弟院校的一批教授请进了课堂。老一辈创业者们为国植贤的担当、百折不挠的意志、树人为本的情怀，深深感动着同样具有一颗滚烫爱国心的贺田先生。

1986年6月，学校董事长王家扬、校长周春晖一行4人赴港澳考察。6月30日，贺田先生专程陪同参观澳门，并表达了支持学校办学的意愿。

1986年10月，贺田先生在树人第一届第三次董事会议上再次表达了"支持树大办学，愿意为培养人才出力"的心愿。是年10月20日，贺田先生为1985级外贸英语专业学生作报告，传授了八个方面的宝贵经验：一要学做人，学做事，要做一个道德高尚、勤劳朴素、艰苦奋斗、勇敢的中国人，做一个按科学办事、讲究效率、勇于创新的社会主义新青年，做一个热爱祖国、忠于人民、为祖国"四化"作出贡献的有骨气的中国人；二必须坚持实事求是、辩证唯物主义的态度；三必须坚持精益求精的精神；四遇事不怕困难、不怕失败，善于分析，善于总结经验教训，坚持不懈地去争取胜利；五学习一定要独立思考，下苦功钻研，但不要死读书，要学以致用；六学习外国的东西要慎重选择，科学的、先进的应该学，庸俗的、落后腐朽的东西要摒弃；七要有朝气、有活力、有冲劲，该做的马上去做，不该做的坚决不做；八要树立大学生的新形象，知识面要广，做到一专多能、多才多艺，讲礼貌、讲修养，意识和作风要正派。

1988 年 1 月，贺田（左二）陪同省政协港澳委员金如新（左一）、金尧如（右一）等来校考察，王家扬（右二）等陪同。

　　1987 年 4 月上旬，贺田先生第三次来校，随时任国家教委副主任的杨海波同志来校视察，并表示要为学校发展作出更多努力。除了自己捐助，他还四处奔走，呼吁其他有识之士共同帮助树人。当年 11 月中旬，贺田先生第四次来校。他特别关心学生的思想、学习等情况，强调要注重人才培养的质量，要加强对学生的思想教育，培养学生的劳动观念和艰苦朴素的作风。

　　1991 年 3 月 6 日，贺田先生之子贺一诚代表父亲向学校捐赠 20 万港币，主要用于建设图书馆。至此，学校第一个图书馆——贺田图书馆正式建立。5 月，贺田先生参观了新建的贺田图书馆、多功能厅及教学大楼，又将随身带的 1 万元人民币捐出来，用于图书馆购置图书和设备。

　　1998 年 8 月 21 日，贺一诚先生受聘为学校第四届董事会荣誉董事，赓续父亲的大爱与无私精神，继续关心和支持树人的发展。

　　2000 年、2001 年，浙江树人大学、浙江电子工业学校、浙江轻工业学校、浙江对外经济贸易学校、浙江勘察工程学校五校相继合并成立新树大，五校的图书馆也随之合并。图书馆搬迁至原轻工学校图书馆（现杭州校区第三实验大楼1—3楼），占地面积2000平方米，两个书库，一个电子阅览室，二十七八万册图书，拥有中国知网和超星电子图书两个数据库，计算机开始应用于图书馆的流通服务和书目查询。

随着学校的不断发展，图书馆也在不断"长高、长大"。2004年，气势恢宏的杭州校区图信中心大楼在原浙江电子工业学校旧址拔地而起，由此实现了从传统图书馆到现代化图书馆的跨越。贺一诚先生出席了当年的建校20周年庆典，见证了杭州校区图书馆的正式启用。

2016年9月，树大开启了一校两地的办学模式，全新的校区落地在人杰地灵的绍兴杨汛桥，越湖边总面积2万平方米、拥有1500余个阅览位的图书馆，成为杨汛桥校区的地标建筑。

2019年8月26日，在树大建校35周年之际，贺一诚先生当选为澳门特别行政区第五任行政长官，我校第一时间发去贺信。贺一诚先生复信，祝愿树大为国家培养出更多的人才。2019年11月20日，贺一诚的姐姐贺定一接任学校八届董事会荣誉董事。

为了感念并传承贺田先生的"树人"之志，2021年11月8日，图书馆更名为贺田图书馆。秉承"以资源强馆，以人文塑馆，以服务立馆"的理念，图书馆致力于现代化、网络化、智慧化建设，各方面均实现了飞跃式发展。

2022年8月30日至9月2日，以校长李鲁为团长的我校访问团赴澳门，开启感恩之访、交流之行和学习之旅。9月1日上午，贺一诚先生在特区政府总部会见了访问团一行。校长汇报了学校发展情况，特别感恩贺田先生在树大创办初期的鼎力支持，特别是贺老赞助建设的我校第一个标准图书馆。

贺一诚充分肯定了学校的办学定位，深情回忆了20世纪80年代初全程参与树人筹备的情景。他说，当时与父亲一起陪同王老考察东亚学院（澳门大学前身）时，就一起商讨了学校首先设立对外贸易、风景园林专业等切合浙江经济社会所需的专业。他表示，将一如既往地关心和支持学校的发展，并同意设立贺田奖学金，支持在港澳台及内地民办高校组建联盟，支持学校"提质升格"的发展思路，支持学校与澳门高校进行合作，鼓励我校师生赴澳门开展深度交流与求学深造，期待我校人才培养能融入横琴粤澳深度合作区的发展中。

2022 年 11 月 5 日，在树人 38 岁生日来临之际，贺定一又一次如约来到树人。她漫步在父亲曾倾情相助的树人校园里，切身感受着学校的蓬勃发展，不时发出感慨和由衷的赞叹。

纤纤不绝林薄成，涓涓不止江河生。岁月更迭，弦歌不辍，贺田先生及其子女的树人情怀，宛如一首深情的歌，一直回荡在树人的心中……

2023 年 8 月 28 日于杭州

2022 年 8 月，校长李鲁分别向贺一诚先生（左图右一）、贺定一女士（右图右一）赠送纪念瓷盘

·丹下明月先生的树人情缘

　　丹下明月（1930—2017），日本丹月流茶道香道宗家。她于1984年创建了丹月流茶道，从1992年起作为我校的客座教授来校授课，20多年从未间断。她组织成立了我校第一支茶艺表演队，参加国内外茶文化交流活动；1998年开始在我校相关专业开设了日本茶道课程。她多次为我校茶文化专业建设捐款，捐赠茶具、和服、书画等，并资助我校多位教师赴日进行茶文化研修，还编著了适合中国学生学习的关于《日本茶道礼仪》《日本茶文化发展史》《茶道点茶作法》等内容较为全面的理论性教材，为我校茶文化专业的建设作出了重要贡献。

　　愿世界人民和平饮茶！

丹下明月（中）与王家扬（右三）等合影

来自月宫的茶礼

——记恩师丹下明月先生及她始创的"丹月流"

周一磊 [①]

在我国古今文学作品中，有众多咏"月"的诗文。千百年来，人们爱月、颂月，月亮在我们心中，总是寄托着千丝万缕的情怀。我们幻想着月落人间，可曾想就在我们人间，便有一位如明月般的女子，她便是我的茶道老师，国际茶道、香道丹月流创始人——丹下明月先生。她仿佛从月宫走来，带着茶道种子，撒在了中国的土壤上。

初识丹下先生，是在 1992 年——那是个平常的春日，我如往日，抱着书本去上课。新建的树人大学校园美丽清新，是我们学子追梦的天堂。可是，班主任突然通知我下课后去校长办公室。下课后我忐忑不安地敲开校长办公室的门，校领导接待了我，问了些我的家庭情况、个人爱好，甚至还问我是否近视。面对突如其来的问话，我实不知校领导葫芦里装着什么药。最后，

---

① 周一磊：1991 级国际经济与贸易专业校友，笔名磊月，丹月流茶道树大第一期生。现为日本·青山健康产有限公司取缔役（董事长）、医心会东洋医学部针灸科主任，浙江树人大学日本校友会会长。

他告诉我，要派我师从日本的一位老师学习茶道。就这样，在众多的学子中，我幸运地被"茶道"选中。

说实话，我那时虽然是大学一年级的学生，而且是长在历史文化悠久、诗情画意的古都——杭州，但在这之前真的不知道还有茶道一说。其实，不仅是我，就连当时负责接待的田老师似乎也对茶道有些陌生。为了不在接待日本老师时出错，田老师还特地带着被选上的两名学生，去浙江农业大学学习有关茶、茶具以及接待日本客人的礼仪礼节。还让我们这两个有幸被选上而又不懂一点日语的学生，突击学习日本歌曲，学唱"さくち"（樱花）。可以看出，校领导对学习茶道之事非常重视。

终于，等到了拜见日本茶道老师的那一天。我们早早等在学校大门口，银色如月光的轿车徐徐驶来，停下。车上缓缓走下身穿蓝色套装、气质高雅如兰的中年女子——我的茶道老师丹下明月先生。先生风度优雅，举止利落，实在难以想象当年已过耳顺之年。

丹下先生一行随即在校礼堂表演茶道。我们两个中国学生成为丹下先生表演茶道的助手。当年对茶道还是茫然的我，站在先生后面不知所措。

其实，真正开始学习茶道，是在那年的 6 月，先生再度来杭。我们有了将近一个多星期的专门练习，而学习茶道的中国学生，也从 2 个变成 5 个，成为丹下先生的第一期中国学生，也是浙江省最早、或许是中国最早学习茶道的大学生。学校那时还派专车接送我们去丹下先生下榻的宾馆修习茶道，那种优越待遇，实令同学们羡慕不已。

我们初学的是中国茶道，名曰"美丽的中国"，使用的是久负盛名的绿茶——杭州西湖龙井。杭州是龙井茶的故乡，又与茶壶之都宜兴为邻，可是我们这一代人并不习惯用陶壶泡茶，而是用杯子，将茶叶往杯子里一放，然后用煮沸的虎跑泉水一冲，任由碧绿的茶叶随着热气上下游动、舒展。但是，丹下先生教我们用古色古香的宜兴茶壶冲泡西湖龙井。泡茶，于是变得不再那么简单地在数秒中便能完成的事。茶壶、茶杯、茶巾有固定的摆放位置，所有的茶壶、茶杯在冲泡之前，必须用热水先暖一暖，清洗一番。不仅如此，还对茶叶的量、水温有严格的规定。更让我们大开眼界的便是泡茶时，茶人的手法、坐法和立法，都有严格的规范。这些都是我们之前闻所未闻的，在学习丹月流的茶道中，我慢慢地对它有了初步的模糊认识。我想，茶道追求茶的合理泡法，那便是对上苍的感恩；在宾客面前泡茶的过程，那便是主客交流。泡茶，变成了一门艺术；茶道追求礼仪礼节，崇尚修身养性。从简单的泡茶，到把茶变成艺术，变成人生之道，茶道可谓博大精深。

最让我们震撼的是，我们所学的茶道礼仪，源于中国唐朝。唐代的陆羽写了《茶经》，这部经典把茶道系统化，成为茶道的鼻祖。到宋代，又开始流行抹茶。唐宋时期，茶道在中国风靡一时，成为修身养性必不可少的课程。唐宋遗风传到日本，并得到保存和发展。可是，源于中国的煎茶、抹茶，连同它的礼法以及唐宋期间的茶韵，都随着战乱而不知所终。如今走向复兴的中国人民，在满足温饱后，开始寻找唐宋古人暗藏在茶汤中的人生真谛。丹下先生便是在这股春风中来到我国，撒播茶道种子。

这以后，历时十二载，几乎未曾间断，丹下先生每年春秋两季飞来杭州，来到树大，教授她的中国学生们茶道。同时，还不辞辛劳奔波于中国各地的茶文化节，积极交流茶文化，同时宣传日中友好。我后来留学日本，在日本生活的八九年中，和先生可以用日语沟通，对先生毅然变卖别墅捐赠100多万元人民币，参与中国茶文化实验室建设之举敬佩不已（注：修改此文时已是2022年，大家很难想象20世纪90年代100多万元人民币的价值）。我不想说先生真实的年纪，因为她不仅人长得年轻，她的心更年轻。可是，旅途的疲惫，饮食的不适，先生几乎每次到中国都要患上一次感冒。尽管如此，她仍然乐此不疲。2022年金秋十月，她所在的镰仓丹月庵迎来她这十余年来结交的包括中国在内的众多国际茶友，共庆丹月流成立20周年。

先生还有一种魅力，她静静地站着，一个眼神的不悦或无助，便会让你滋生出为她赴汤蹈火的心情。凡先生所托之事，再忙、再累、再远，我总会抛下其他事情，先完成先生交代的任务。其实，不为别的，只为她的笑容。我想，她的魅力，不仅我感受到了，她周围的很多人也感同身受。她的日本丹月流道场所藏的来自中国各界名流、书法家、画家、茶友、学生赠送的茶壶、书法、绘画、古董等，数量之多，堪称博物馆规模。如果不是先生几十年来积极参与国际交流，努力奉献再加上她独特的个人魅力，又何以有如此多的馈赠呢？

历经十二载春秋，先生的中国学生据说达到了上千人，茶道被列入树大的选修课程。现在老师不但教授中国学生中国茶道，还教授丹月流的日本茶道。2001年，我再次回到杭州，参加一年一度的西湖博览会，看到上百人在草地上表演茶道，虽然不是丹月流，但是手法、动作似乎出自丹月流一脉。而如今，杭州西湖湖畔那如雨后春笋般的茶室，逢年过节，那盛大的茶会，不难想象，1992年，对茶道、茶艺还很陌生的中国人，现在至少在江浙一带，已经被视为一种高雅文化来品味把玩了。更可喜的是，中国的茶道以年轻人为主角，赋予了中国茶道青春的气息。可以说，经过丹下先生十多年的努力和中国各界的大力支持，她当年播下的种子，已经在中国开花结果了。

2004年金秋十月吉日
2022年12月29日再度修改于东京

1996 年周一磊（左三）等与丹下明月（左二）合影

情系树人